唐魯孫談吃

唐魯孫——著

目錄

饞人說饞——閱讀唐魯孫

逯耀東

前些時，去了一趟北京。在那裡住了十天。像過去在大陸行走一樣，既不探幽攬勝，也不學術掛鉤，兩肩擔一口，純粹探訪些真正人民的吃食。所以，在北京穿大街過胡同，確實吃了不少。但我非燕人，過去也沒在北京待過，不知這些吃食的舊時味，而且經過一次天翻地覆以後，又改變了多少，不由想起唐魯孫來。

七〇年代初，臺北文壇突然出了一位新進的老作家。所謂新進，過去從沒聽過他的名號。至於老，他操筆為文時，已經花甲開外了，他就是唐魯孫。民國六十一年《聯副》發表了一篇充滿「京味兒」的〈吃在北京〉，不僅引起老北京的蓴鱸之思，海內外一時傳誦。自此，唐魯孫不僅是位新進的老作家，又是一位多產的作家，從那時開始到他謝世的十餘年間，前後出版了十二冊談故鄉歲時風物，市廛風俗，飲食風尚，並兼談其他軼聞掌故的集子。

這些集子的內容雖然很駁雜，卻以飲食為主，百分之七十以上是談飲食的，唐魯孫對吃有這麼濃厚的興趣，而且又那麼執著，歸根結柢只有一個字，就是饞。他在〈烙盒子〉寫到：「前些時候，讀逯耀東先生談過天興居，於是把我饞人的饞蟲，勾了上來。」梁實秋先生讀了唐魯孫最初結集的《中國吃》，寫文章說：「中國人饞，也許北京人比較起來更饞。」唐魯孫的回應是：「在下忝為中國人，又是土生土長的北京人，可以夠得上饞中之饞了。」而且唐魯孫的親友原本就稱他為饞人。他說：「我的親友是饞人卓相的，後來朋友讀者覺得叫我饞人，有點難以啟齒，於是賜以佳名叫我美食家，其實說白了還是饞人。」其實，美食家和饞人還是有區別的。所謂的美食家自標身價，專挑貴的珍饈美味吃，饞人卻不忌嘴，什麼都吃，而且樣樣都吃得津津有味。唐魯孫是個饞人，饞是他寫作的動力。他寫的一系列談吃的文章，可謂之饞人說饞。

不過，唐魯孫的饞，不是普通的饞，其來有自：唐魯孫是旗人，原姓他他那氏，隸屬鑲紅旗的八旗子弟。曾祖長善，字樂初，官至廣東將軍。長善風雅好文，在廣東任上，曾招文廷式、梁鼎芬伴其二子共讀，後來四人都入翰林。長子志銳，字伯愚，次子志鈞，字仲魯，曾任兵部侍郎，同情康梁變法，戊戌六君常集會其家，慈禧聞之不悅，調派志鈞為伊犁將軍，遠赴新疆，後敕回，辛亥時遇刺。仲魯是唐魯孫的祖父，其名魯孫即緣於此。唐魯孫的曾叔祖父長敘，官至刑部次郎，其二女並選入宮侍光緒，為珍妃、瑾妃。珍、瑾二妃是唐魯孫的族姑祖母。民初，唐魯孫時七八歲，進宮向瑾太妃叩春節，被封為一品官職。唐魯孫的母親是李鶴年之女。李鶴年奉天義州人，道光二十年翰林，官至河南巡撫、河道總督、閩浙總督。

唐魯孫是世澤名門之後，世宦家族飲食服制皆有定規，隨便不得。唐魯孫說他家以蛋炒飯與青椒炒牛肉絲試家廚，合則錄用，且各有所司。小至家常吃的打滷麵也不能馬虎，要滷不瀉湯才算及格，吃麵必須麵一挑起就往嘴裡送，筷子一翻動，滷就瀉了。這是唐魯孫自小培植出的饞嘴的環境。不過，唐魯孫雖家住北京，可是他先世遊宦江浙、兩廣，遠及雲貴、川黔，成了東西南北的人。就飲食方面，嘗遍南甜北鹹，東辣西酸，口味不東不西，不南不北變成雜合菜了。這對唐魯孫這個饞人有個好處，以後吃遍天下都不挑嘴。

唐魯孫的父親過世得早，他十六七歲就要頂門立戶，跟外面交際應酬周旋，觥籌交錯，展開了他走出家門的個人的飲食經驗。唐魯孫二十出頭就出外工作，先武漢後上海，遊宦遍全國。他終於跨出北京城，東西看南北吃了，然其饞更甚於往日。他說他吃過江蘇里下河的鮰魚，松花江的白魚，就是沒有吃過青海的鰉魚。後來終於有一個機會一履斯土。他說：「時屆隆冬數九，地凍天寒，誰都願意在家過個闔家團圓的舒服年，有了這個人棄我取，可遇不可求的機會，自然欣然就道，冒寒西行。」唐魯孫這次「冒寒西行」，不僅吃到青海的鰉魚、烤犛牛肉，還在甘肅蘭州吃了全羊宴，唐魯孫真是為饞走天涯了。

民國三十五年，唐魯孫渡海來臺，初任臺北松山菸廠的廠長，後來又調任屏東菸廠，六十二年退休。退休後覺得無所事事，可以遣有生之涯。終於提筆為文，至於文章寫作的範圍，他說：「寡人有疾，自命好啖。別人也稱我饞人。所以，把以往吃過的旨酒名饌，寫點出來，就足夠自娛娛人的了。」於是饞人說饞就這樣問世了。唐魯孫說饞的文章，他最初的文友後來成為至交的夏元瑜說，唐魯孫以文字形容烹調的味道，「好像老殘遊記山水風光，形容黑妞的大鼓一般。」這是說唐魯孫的饞人談饞，不僅寫出吃的味道，並且以吃的場景，襯托出吃的情趣，這是很難有人能比較的。所以如此，唐魯孫說：「任何事物都講究個純真，自己的舌頭品出來的滋味，再用自己的手寫出來，似乎比捕風捉影寫出來的東西來得真實扼要些。」因此，唐魯孫將自己的飲食經驗真實扼要寫出來，正好填補他所經歷的那個時代，某些飲食資料的真空，成為研究這個時期飲食流變的第一手資料。

尤其臺灣過去半個世紀的飲食資料是一片空白，唐魯孫民國三十五年春天就來到臺灣，他的所見、所聞與所吃，經過饞人說饞的真實扼要的記錄，也可以看出其間飲食的流變。他說他初到臺灣，除了太平町延平北路，幾家穿廊圓拱，瓊室丹房的蓬來閣、新中華、小春園幾家大酒家外，想找個像樣的地方，又沒有酒女侑酒的飯館，可以說是鳳毛麟角，幾乎沒有。三十八年後，各地人士紛紛來臺，首先是廣東菜大行其道，四川菜隨後跟進，陝西泡饃居然也插上一腳，湘南菜鬧騰一陣後，雲南大薄片、湖北珍珠丸子、福建的紅糟海鮮，也都曾熱鬧一時。後來，又想吃膏腴肥濃的檔口菜，於是江浙菜又乘時而起，然後更將目標轉向淮揚菜。於是，金齏玉膾登場獻食，村童山老愛吃的山蔬野味，也紛紛雜陳。可以說集各地飲食之大成、彙南北口味為一爐，這是中國飲食在臺灣的一次混合。

不過，這些外地來的美饌，唐魯孫說吃起來總有似是而非的感覺，經遷徙的影響與材料的取得不同，已非舊時味了。於是饞人隨遇而安，就地取材解饞。唐魯孫在臺灣生活了三十多年，經常南來北往，橫走東西，發現不少臺灣在地的美味與小吃。他非常欣賞臺灣的海鮮，認為臺灣的海鮮集蘇浙閩粵海鮮的大成，而且尤有過之，他就以這些海鮮解饞了。除了海鮮，唐魯孫又尋覓各地的小吃。如四臣湯、碰舍龜、吉仔肉粽、米糕、虱目魚粥、美濃豬腳、臺東旭蝦等等，這些都是臺灣古早小吃，有些現在已經失傳。唐魯孫吃來津津有味，說來頭頭是道。他特別喜愛嘉義的魚翅肉羹與東港的蜂巢蝦仁。對於吃，唐魯孫兼容並蓄，而不獨沾一味。其實要吃，不僅要有好肚量，更要有遼闊的胸襟，不應有本土外來之殊，一視同仁。

唐魯孫寫中國飲食，雖然是饞人說饞，但饞人說饞有時也說出道理來。他說中國幅員廣寬，山川險阻，風土、人物、口味、氣候，有極大的不同，因各地供應飲膳材料不同，也有很大差異，形成不同區域都有自己獨特的口味，所謂南甜、北鹹、東辣、西酸，雖不盡然，但大致不離譜。他說中國菜的分類約可分為三大派系，就是山東、江蘇、廣東。按河流來說則是黃河、長江、珠江三大流域的菜系，這種中國菜的分類方法，基本上和我相似。我講中國歷史的發展與流變，即一城、一河、兩江。一城是長城，一河是黃河，兩江是長江與珠江。中國的歷史自上古與中古，近世與近代，漸漸由北向南過渡，中國飲食的發展與流變也寓其中。

唐魯孫寫饞人說饞，但最初其中還有載不動的鄉愁，但這種鄉愁經時間的沖刷，漸漸淡去。已把他鄉當故鄉，再沒有南北之分，本土與外來之別了。不過，他下筆卻非常謹慎。他說：「自重操筆墨生涯，自己規定一個原則，就是只談飲食遊樂，不及其他。以宦海浮沉了半個世紀，如果臧否時事人物惹些不必要的嚕囌，豈不自找麻煩。」常言道：大隱隱於朝，小隱隱於市。唐魯孫卻隱於飲食之中，隨世間屈伸，雖然他自比饞人，卻是個樂天知命而又自足的人。

一九九九歲末寫於臺北糊塗齋

序

夏元瑜

話說民國六十一年某一黃道吉日——曆本上一定寫著「宜交友」——我在聯合報副刊上看見一篇長文，題為〈吃在北平〉。內容雖全是舊事，可是寫得極為新穎。普通寫吃的文章常描述些攤販，小店而已。這篇大文可上起自極豪華的餐廳，下至著名的攤販，其中不少都是我所知道的，所以知道這篇文章的正確性。對這位著者的所知之廣，實在佩服之至。並且從這篇文章內也看得出著者至少年逾六旬，出身簪纓世家，可能是位前朝貴胄的後裔，於是我寫了封信，託副刊轉給他——唐魯孫先生。

不久唐先生的回信從屏東寄來了，那時我已改行煮字了（煮字者，以字換米，而煮之意，說好聽的叫作作家），他說看過我寫的，少不得說了些稱讚我的話，從此我倆便成了筆友，書信來往比情人還要密。

從信中我知道他來臺之初當公賣局的松山菸廠的廠長，以後調到屏東去。退休後懶得搬家，我力勸他搬到臺北來，他的兒女也為他買好了房子，這才使唐先生和我有了相見的機會。但是我們因為住處相距太遠，見面不易，電話可每日一通，能天天閒談上半小時以上，談的內容複雜之極，不但彼此交換了知識，也常彼此幽上一默。可惜我們的通信或電話全無紀錄，否則真夠出不少本散文，因為有些事情說起時想到，說完時就忘了。

魯孫在官場中浮沉了一世，所以他寫文章時顧慮太多。他只說吃，說古以自隱，不願說及時事，以免自找麻煩。正和高陽許兄相反，許先生是專門說古論今的，因之也找來過大麻煩。總而言之，在魯孫兄的文章內很少能發現他個人的感想，全是記事。有人問我說：「他所知如此豐富，從何處找來的資料？」關於這點我確知道，我告訴他：「這些雜事從沒人寫過，他寫的就是將來供後人參考的第一手資料。」

讀者別以為唐先生只知道吃，他在吃以外的知識和學問淵博得很，古典文學也很有造詣，更寫得一筆好字，篆書楷書全漂亮非凡。他寫的信全是蠅頭小楷，橫看成排，直看成行，他寫的英文也工細美觀，國人中少有。

魯孫兄的伯祖名志銳，號仲魯，清廷的兵部侍郎（等於今之國防部次長），他雖是滿人，但很同情於康梁的維新政策，戊戌的六君子常在他家集會，後被正太后風聞，把他改派到新疆去當伊犁將軍，革命時遇弒。光緒的珍、瑾二妃是魯孫兄的祖姑母輩。民國初年，魯孫才七八歲，春節時進宮向瑾太妃拜年，封為一品官職。所以他寫的宮中軼事並非出於傳聞。

友誼的厚薄並不在於認識的久暫，志趣相同，互相欽佩的，雖相識恨晚，也會情同莫逆。他和我每人每年至少出一本文集。有一段時候時報副刊上闢了一個「古往今來」的專欄，由八十歲的莊嚴，七十六的鮑揖庭，七十的白中錚和郭立誠，六十的丁秉鐩和孫家驥，最年輕的是蘇同炳（莊練），還有魯孫和我？沒想到不到十年之後，只剩了郭立誠和我——一時尚沒有長行的打算。

魯孫兄夫婦伉儷情深，每出遊必相攜而行，魯孫兄去世之後不到兩年，夫人也隨之而去。長子光燾任教美國大學，次子光熹任職土銀，女兒光君、光照一在泰、一在臺。他們全很有成就，更難得的是都很孝順，所以魯孫兄有個極和諧快樂的家庭。可惜天不永年，現在活到七十八歲並不算春至期頤，真是可嘆！

中國的烹調馳名於世，但是關於「吃」的記載卻少之又少，只有到了近年才一窩蜂的出了不少食譜。但是真正吃過中國傳統的佳肴名饌的人並不多，能寫出來的除了唐兄之外更是曠古絕今。這是事實，絕非我故意捧他，讀者先生您也可以想想，除了唐先生之外，還有誰能把口舌的味覺用筆墨形容出來？

他和我說過，憑著記憶，他還能寫出幾本書來，可惜他患了尿毒症，走了。若干他所記得的事情也就永不會公諸於世了。

我常怕他的遺著因絕版而散失，幸而大地出版社為著保存傳統文化設想，把魯孫兄的遺著十二冊的版權搜集齊全，出了這一套全集，不但唐先生的後裔和親友會感謝大地，也虧它保全了近代文壇的一朵奇葩。

唐魯孫先生小傳

唐魯孫，本名葆森，魯孫是他的字。民國前三年九月十日生於北平。滿族鑲紅旗後裔，是清朝珍妃的姪孫。畢業於北平崇德中學、財政商業學校。擅長財稅行政及公司理財，曾任職於財稅機關，對於菸酒稅務稽徵管理有深刻認識。民國三十五年臺灣光復，隨岳父張柳丞先生來臺，任菸酒公賣局秘書。後歷任松山、嘉義、屏東等菸葉廠廠長。當年名噪一時的「雙喜」牌香煙，就是松山菸廠任內推出的。民國六十二年退休，計任公職四十餘年。

先生年輕時就隻身離家外出工作，遊遍全國各地，見多識廣，對民俗掌故知之甚詳，對北平傳統鄉土文化、風俗習慣及宮廷秘聞尤其瞭若指掌，被譽為民俗學家。再加上他出生貴胄之家，有機會出入宮廷，親歷皇家生活，習於品味家廚奇珍，又見多識廣，遍嘗各省獨特美味，對飲食有獨到的品味與見解。閒暇時往往對各家美食揣摩鑽研，改良創新，而有美食家之名。

先生公職退休之後，以其所見所聞進行雜文創作，六十五年起發表文章，民俗、美食成為其創作基調，內容豐富，引人入勝，斐然成章，自成一格。著作有《老古董》、《酸甜苦辣鹹》、《天下味》等十二部（皆為大地版）量多質精，允為一代雜文大家，而文中所傳達的精緻生活美學，更足以為後人典範。

民國七十二年，先生罹患尿毒症，晚年皆為此症所苦。民國七十四年，先生因病過世，享年七十七歲。

添秋膘、吃螃蟹、烏烤涮

談到每日三餐，北方的飯食要比南方簡單樸實多了，除了平津一帶，一般縣分都是以雜糧為主食，天天能有白米、白麵吃，已經是了不起的人家了。賣力氣的勞工逢到三節，主人家總請大家吃犒勞，能夠有一頓羊肉白菜餡餃子，或是寬粉條燉肉烙餅吃，大家已經心滿意足啦。

大陸的北方，夏天雖然沒有臺灣的酷暑蒸鬱，可是三伏天的驕陽灼人，也就夠瞧老大半天的。大家因為平日飲食吃得太素，油水不足，所以在伏天就有「頭伏餃子二伏麵，三伏烙餅攤雞蛋」的說法，這些無非是想加點油水罷了。等到金風薦爽，初透嫩涼，秋風吹走了多日的暑炎，精神一舒暢，人人胃口大開，於是又想出一個名堂叫「添秋膘」，吃點有滋味、有油水的東西來滋潤補養一番，這時候正是稷熟蟹肥，所謂「殼薄胭脂染，膏腴琥珀凝」的時候。北平人吃螃蟹講究到前門外肉市正陽樓去吃，因為北平吃的螃蟹全是從靠近天津一個水村勝芳運來的，每天一過中午，螃蟹運到北平東車站，一卸火車到了前門大菜市，必定是由正陽樓盡先挑選，挑夠了，才歸行開秤。

根據父老們傳說，正陽樓這項特權，是有來由的。清朝的乾隆皇帝，有一次出宮微行，聽說正陽樓的螃蟹不錯，就到正陽樓嘗新，吃了兩隻果然肉滿膏腴，意猶未足，打算再來兩隻，不料堂倌回說，市上到貨不多，已經賣光啦。乾隆滿肚子不高興，又不便發作，只是記在心裡，啟駕回宮之後，就讓內務府通知魚蝦牙行，只要螃蟹一上市，準由正陽樓先行挑選，然後再行開秤，這個傳說，是否屬實，姑且不談，不過直到七七事變前夕，前門大街菜市的螃蟹一卸車，始終由正陽樓優先挑選，那是一點不假的。據我猜想，不管皇帝老倌有沒有這道上諭，人家正陽樓是長久大主顧，不計貴賤，只求貨高一等，所以才能多少年維持這個老例於不墜的！

北平人因為悠閒慣了，什麼吃食都講究應時當令，不時不食，這倒合了孔夫子的古訓了。像元宵、粽子、月餅、花糕，不到季節是不會出來應市的；烏烤涮的烤肉，不交立秋，甭說以賣烤肉出名的「烤肉宛（讀滿）」、「烤肉紀」、「烤肉陳」，他們三家不會提前應市，就連一般牛羊肉館，以及推車子下街的，也沒有一個敢搶先。等到時序一交立秋，什剎海的荷花市場已經是秋蟬噎露、殘燈末廟時期，可是依然有人架上支子生起火來大賣烤肉。您瞧也怪，還真有捧場的，雖然火勢熊熊，燻得人熱汗直流，居然有人一口燒刀子一箸子烤肉，吃個不亦樂乎。北平人這種特性，是別省人沒有法子了解的。

北平最好一份烤肉是「烤肉宛」，聽說他家靠南牆的一架支子有百十來年，北牆的支子還是前明故物呢。日寇佔據華北時期，曾經打算以高價把烤肉宛的無價之寶買去，可是宛氏說什麼也不肯點頭，因為日軍愛吃他的烤肉，總算手下留情，沒有勤勞奉仕，強迫獻給皇軍。宛氏兄弟原本是手推著車子下街賣烤肉的，因為宛二的刀工好、選肉精，哥倆苦了幾年，就在宣武門裡安兒胡同把口，挑起烤肉的幌子大幹起來。無論買賣多忙，永遠宛二切肉，宛大算帳，一個小力笨打打下手而已。他家牛肉選得特別精，肉片切得分外薄，所以在北平吃烤肉，哪家也比不過烤肉宛去。烤肉紀在什剎海義溜河沿，雖然小樓一角，篷牖茅椽，可是居高臨下，雪後新晴，俯瞰一片琉璃世界，城市山林，令人有出塵的感覺。烤肉陳在宣外騾馬市大街，院寬室明，原先是一家客棧，雖然竹凳瓦灶，但敞豁有容。陳老闆是象棋高手，如果您能在他的手下三盤兩勝，他有陳年海甸蓮花白，再給您切點牛上腦，這頓烤肉讓您吃完了還想下次再來。以上三處吃烤肉，情趣氣氛各有不同，不是終日營營苟苟、心懷貪競的人所能體味出來的。

真正吃烤肉，都是自己配作料，自己烤來吃，老嫩鹹淡，隨心所欲，同時一隻手拿長筷子扒拉烤肉，一隻手拿著錫酒鑊子長吸鯨飲，一條腿蹬在二人凳上，這份豪邁粗獷的吃相，現在想起來還覺得怪有趣的呢！因為吃相不雅，所以在民國十六年以前，沒有堂客敢去吃烤肉的。後來風氣漸開，正陽樓添上賣烤肉，飯座都是彬彬儒雅的人士，才有好奇的女性參加圍爐烤肉的行列。

現在吃烤肉有廚師代烤，可能有若干年輕女士，還不知道早年還沒有女性進烤肉館吃烤肉呢！早先吃烤肉以牛肉為主，有些人不吃牛肉，才有少數人改吃烤羊肉，至於吃爆（**烏烤涮的「烏」字也有人寫成「爆」，姑且從俗就用這個「爆」吧**）的必定是羊肉，不像現在臺灣所謂北方館都有所謂蔥爆牛肉，要是您要個蔥爆羊肉，或許堂倌還會跟您說今天沒有準備羊肉呢。有錢有閒又會吃的人們能分出爆羊肉是鍋爆還是鐺爆的。從前北平有一位強盜小偷的剋星——偵緝隊長馬玉麟說：「鐺上爆出來的羊肉，比鍋裡爆的香而且嫩，滋味各異。」有人試過多次，真屢試不爽，不能不佩服人家嘴裡有「試神經」。他認為鐺爆羊肉，把作料逼乾，大蔥熟透，拿來夾燒餅，比魚翅燕窩都來得適口充腸。這種吃東西的意境，又必須是悟得靜中之趣的一品大閒人，才能體會得出來呢！

雖然一交立秋，像東來順、西來順、同和軒、兩益軒也都開始以爆烤涮應市，可是老北平總有個不時不食的習性，不到冬意漸濃，瑞雪催寒，是不會搧個鍋子吃涮羊肉的。早年喜歡擺譜兒的人吃涮羊肉，一定要用銀炭把火搧旺，發出一股子濃郁的炭香，迎風襲人，比用酒精瓦斯爐子都來得夠味兒。關外吃涮鍋子講究羊肉、牛肉、豬肉同時下鍋，一鍋兒熬；北平吃涮鍋子則講究涇渭分明，必定是羊肉、羊肝、羊腰子，甭說牛肉，就連牛肚、牛腦也不能在同一個鍋子裡涮，因為牛、羊羶腥各異，一混合湯就不好喝啦。真正涮鍋子，鍋子搧好端上來，也不過是往鍋子裡撒點蔥、薑末、冬菇口蘑絲而已，名為起鮮，其實白水一泓，又能鮮到哪兒去。所以會吃的人，吃涮鍋子必定先要一碟滷雞凍，堂倌一看是內行吃客，這碟滷雞凍，凍多肉少，而且老尺加二。喝完酒把剩下的雞凍往鍋子裡一倒，再來涮肉，就夠味啦！涮鍋子羊肉不能用機器切，因為那種羊肉吃到嘴裡木渣渣的，所以北方大館子絕對不用機器切，而是禮聘切肉師傅來切。切肉師傅多半是定興、定州、淶水、保定一帶請來的。到了爆烤涮一上市，有些人總要搶先去吃上一頓，解解饞，又好在人前誇耀一番。切肉的大師傅們的工錢是按節算大帳的，從立秋到舊曆年，手藝高的師傅工錢總得過千，次一點兒的也得七八百塊，比當年一般中級公務員的薪水還多呢！

談到羊肉，所有飯館子的羊肉片，都是口外（張家口）來的大尾巴肥羊，不但肉質細嫩，而且不覺羶腥。據說大尾巴羊，伏天都趕到口外刺兒山避暑。山上深松茂草，飛湍喧豗；一個夏天，羊隻養得膘足肉厚，再從口外往北平趕，路上經過幾處曲渚銀塘，都是從玉泉山支流灌注的，一路上羊喝了這些清泉，自然腥羶全退。所以天津人冬天吃羊肉涮鍋子，必定要到北平買羊肉片，雖然看起來有點像故意擺譜兒，可是細一咂滋味，天津的羊肉確實比北平羶味重呢！高手切肉，運刀如飛，平鋪捲筒，各有部位，什麼「黃瓜條」（肋條肉）、「上腦」（上腹肉）、「下腦」（下腹肉）、「磨襠」（後腿肉）、「三叉兒」（脖頸肉）等名堂；大師傅會片，吃客也會點，真是要哪兒就有哪兒。外省人初到北平，甭說吃，一聽這些名詞，已經頭暈腦脹了。

涮鍋子吃到最後，剩下鍋子底兒，是羊肉鍋子精華所在。此時雖然炭盡火熄，可是餘溫灼人。會吃的朋友讓堂倌清鍋子底兒，一方面是餘饞味厚，一方面也是揀練堂倌的道行如何。若是身手麻利，經過名師指點的堂倌，手疾眼快，能把鍋子底兒全倒在大海碗裡，一點灰星兒都不能落在碗裡。堂倌一露這手絕活，二爺的小費自然要多破費幾文了。

清末名書法家惲毓鼎的後人惲寶惠，做過北洋政府的秘書長，雖然談吐文質彬彬，可是誰也不願意跟他同席，因為他吃相難看不說，而且從小寵壞了，吃飯一直不會用筷子，永遠是兩隻手在菜裡亂抓一氣。大家知道他這個毛病，菜一端上來，趕快先夾幾箸子在他碟子裡讓他抓弄。要是吃涮羊肉鍋子，熱湯翻滾，他自然無法下手，可是最後的鍋子底，多半是由他一人獨享。聽說從前上海有一位前清遺少，跟惲氏同樣有用兩隻手的習慣，我想，上海洪長興的堂倌沒有倒鍋子底的手藝，上海那位兩隻手遺少的口福，可能沒有惲大爺那麼好嘍！

涼飆已勁，臺灣冬晚，現在添秋膘、吃羊肉涮鍋子正是時候，可惜此地羊是山羊，肉也分不出部位來，可又上哪兒去吃適口充腸的涮羊肉呢！

應時當令烤涮兩吃

時令一交立秋，北平西山的紅葉初透嫩紅，大家想「添秋膘兒」，清真館子就有涮羊肉、烤牛肉的紅紙招貼掛出來應市了。

吃涮羊肉必定要用「西口大尾巴肥羊」，這種羊肉不腥不羶，要肥有肥，要瘦有瘦。養羊的販子，一過立夏就把羊群趕到張家口的刺兒山歇伏，那裡林壑幽深，流泉漱玉，碧草如茵，修柯戛雲，羊群在水歡草肥的環境裡，自夏徂秋隻隻養得又肥又壯，牧羊販子把羊群一撥一撥地趕下山來，一站一站的往北平趕。等到了西直門外，據說還要圈個三五天，讓羊群喝足了玉泉山流到高亮橋的泉水，再趕進城來宰殺，則羊肉不但不腥不羶，而且切成肉片後涮著吃特別細嫩。

在北平吃涮羊肉，講究到教門館子去吃，他們不但作料齊全講究，而且選肉、刀工也另有一套。北平吃涮羊肉，要算前門外同和軒、兩益軒，東城的東來順，西城的西來順幾家清真館最地道。前門外同和軒、兩益軒的主顧以商界跟梨園行居多，東來順以肉好價廉著稱，西來順由回教割烹高手褚祥主持。北平比較冠冕的客人請客，多半是西來順，因為他家除了涮羊肉，做一桌教門席也是可圈可點的。

吃涮羊肉最注重是刀工如何。拿東來順說吧，據東來順的少掌櫃丁永祥說：「我們櫃上涮肉片嚴格規定，必須用公羊肉切涮肉片，如果是用母羊肉，就多少有點羶味啦！」他家經常養著幾位切羊肉片的師傅，他們一個涮羊肉季節掙的工錢，就足夠一年的生活費啦！此外，在櫃上幹活算是副業，反而成了外快收入了。

您進飯館吃涮羊肉，夥計們一定先問您吃肥吃瘦，若要細分起來，羊肉有十多種名堂。照部位來分，例如肋肉叫「黃瓜條」，上腹肉叫「上腦」，下腹肉叫「下腦」，後腿肉叫「磨襠」，還有「三叉兒」、「肚條」、「軟裡脊」等名堂。切出來的羊肉片，其薄如紙，顏色透明，在鍋子裡一涮就熟，不像臺灣的羊肉片，把羊肉凍磁實了，用機器一刨，全成了捲筒羊肉啦。

東來順不但羊肉選得精，作料也特別考究。他們講究「一貫作業」，自己有羊圈，從口外趕回來的羊，先在羊圈裡飼養，羊圈之外還有菜園子，所種蔬菜種類繁多，另外開了一座叫「天職順」的醬園子，除了供應東來順油、鹽、醬、醋及各種蔬菜外，還兼做門市買賣。

在半世紀前，烤肉只推車子沿街叫賣，獨沽一味牛肉，不賣羊肉，至於豬肉、鹿肉、雞肉那就更談不到啦！

北平吃烤肉要吃烤肉宛，他們小鋪開在宣武門內大街安兒胡同把口，您跟拉洋車的說烤肉宛，沒有一位不知道的。吃烤肉講究支子老、肉片好。所謂支子就是用鐵製成的鐺，連著燒火的鐵盆，支子下面用鐵片圍著留口，好往裡面添松柏枝跟劈柴。支子愈舊愈好，因為支子用久了，上面凝聚油脂滋潤著，烤出來的肉片沒有一絲鐵鏽味兒，所以顯得特別香。

烤肉宛一共有兩個支子，南北分列。北邊支子，說是明朝萬曆年間流傳下來的，宛氏兄弟在未發跡前，推車子沿街賣烤肉，就是用的這個支子，所以他們兄弟把這支子視同瑰寶，日本駐屯軍佔據華北時，曾經出過重金，打算把那架支子買下來，運回日本去，可是宛氏兄弟不受威脅利誘，無論你出多少錢，我就是不賣。所以宣外大街烤肉陳家、什剎海烤肉紀家，雖然切肉、選肉都還不錯，也是老饕常去的地方，可是那兩家要跟烤肉宛比，究屬稍遜一籌啦。

筆者有一位日本朋友叫平生釟三郎，在北平大學擔任經濟學客座教授，在他任教期間，每年從烤肉宛一有烤牛肉上市一直到年底收市，晚飯必定是來吃烤肉，除非他有推不掉的應酬。有一次跟我在烤肉宛同一支子旁邊吃烤肉，他看見我讓小力笨到隔壁菜魁買了兩根洞子貨的王瓜來就著烤肉吃（北平入冬，天寒地凍，原野根本沒有蔬菜生長，洞子貨王瓜是豐台菜農在溫室培養出來的，既嫩且脆，當時牛肉片半斤一碗，不過六角錢，一條王瓜一塊錢，其貴可知），便問我為什麼就生王瓜吃烤肉，我說烤肉火氣重，就王瓜吃火氣就解了，他也照樣來兩條王瓜，就著日本清酒吃。他給我的結論是日本的雞素燒、韓國的石頭火鍋，雖然各有一種滋味，但跟中國烤肉比，則瓠脯壓羹，根本沒法子比並啦。他開始吃烤肉是吃完烤肉，要喝上兩大杯濃而且釅的咖啡來清食止渴，自從吃了王瓜配烤肉，飯後的咖啡也就免了。

現在烤肉在臺灣也大行其道，唯一不同的是支子加大，另設烤房，客人自己拌好作料，由店裡工人代烤。原始烤肉根本只有烤牛肉沒有烤羊肉的，後來由於女性也要當爐自烤，可是不吃牛肉的婦女居多，這才添上了烤羊肉。

談到此，其中還有一段故事：清宮定制，除祭祀用太牢者外，照例不准牛肉進宮。慈禧垂簾時期，她過中秋，是從八月十三日起到十七日止，一共要過五天。除了十五日當天為正節外，其餘四天，前兩天叫「迎節」，後兩天叫「餘節」。迎節、餘節這四天裡，她每年都是在頤和園景福閣裡大開筵宴，專吃烤涮慶賀中秋。可是牛肉進宮，即違祖制，如果僅有羊肉一味，又未免單調。因此慈禧想出了一個巧主意，倡用一種叫「福祿壽考」好聽名詞的烤涮吃法。所謂「福」，是雞肉片和關東野雞片；所謂「祿」，是關東鹿肉片和香麞子肉片；所謂「壽」，是羊肉片；所謂「考」，是松花江出產的白魚片。至於所用柴火，是產自西山的「銀絲紅羅炭」、吉林的松柏枝跟松塔。現在臺灣吃烤肉，肉類花色之多，並不輸慈禧當年的御前盛饌，不過御廚切肉片講究真正刀工手藝，現在咱們吃的肉片都從冰庫拿出來，凍得堅如鐵石，用鉋子刨成捲筒形狀。薄則薄矣，無奈吃到嘴裡木木渣渣不大對勁。

再談作料。吃烤肉所用作料，只有醬油、醋、蔥、香菜四樣，不像臺灣烤肉館又是辣椒醬，又是檸檬水、生香油等五花八門的配料，更沒有白菜、洋蔥、番茄、胡蘿蔔絲各樣蔬菜的配合。凡是吃烤肉，多半是叫二兩白乾，不夠再續二兩，沒有四兩半斤叫的，更沒有叫黃酒、花雕或是啤酒就烤肉喝的，否則人家固然把您看成老外，自己吃下去在肚子裡造反，也不舒服呀！

臺灣冬晚，過了小雪，正是吃烤肉的季節，好啖的朋友，不妨照我加作料方法烤點牛肉，我想滋味或許比您前此所吃的烤肉滋味稍勝一籌呢！

同和堂的天梯鴨掌

十二月七日中華電視台的《煙雨江南》連續劇，演到王鏢頭在同和堂約御前退休侍衛榮敬跟甘鳳池便宴，有一道菜叫「天梯鴨掌」。這道菜確實是同和堂的拿手菜，舍間跟他家交往多年，筆者也僅僅吃過一兩回而已。平日大筵小酌您要點天梯鴨掌，茶房一定回說調和不全，沒有準備，表示歉意。同和堂當年生意很廣，大主顧有城裡城外的大乾果子鋪跟西口北口的大皮貨莊等等，一請客就是幾十上百桌。北平各大飯莊有個不成文的規矩，每年年底封灶之前，由東家或大掌櫃的出面，分批宴請有交往的主顧，謝謝一年的照顧，同時告訴主顧，新正開座的日期。凡是頭年吃過哪家飯莊子封灶酒，開年請春卮，不會照顧到別家飯莊子去的。

每家飯莊封灶酒，當然都是一些拿手菜，同和堂的頭菜就是天梯鴨掌了。早年吃烤鴨是不帶鴨舌、鴨掌的，每家山東館都有燴鴨舌、鴨腰，都是烤鴨身上割下來的。至於鴨掌卸下來之後，用清水泡一天，順紋路撕去掌上薄膜，然後用黃酒泡起來。等到把鴨掌泡到發脹，鼓得像嬰兒手指一樣肥壯可愛，拿出來把主骨附筋，一律抽出來不要，用中腰封肥瘦各半火腿，切成二分厚的片。一片火腿加一隻鴨掌，把春筍或冬筍也切成片，抹上蜂蜜，一起用海帶絲紮起來，用文火蒸透來吃。火腿的油和蜜，慢慢滲過鴨掌、筍片，臘冢筍香，麴塵縈繞，比起湖南館的富貴火腿，一味厚膩，似乎腴潤更勝一籌。筍子切片，好像竹梯，所以名之「天梯鴨掌」。

當年洪憲左內史阮斗瞻（忠樞）對於同和堂的天梯鴨掌，最為欣賞，高郵宣古愚旅居北平時請客獨是同和堂，阮斗瞻跟宣古愚、陳灨一他們吃過同和堂的封灶酒，一直念念不忘。後來阮獨自去了幾次同和堂點天梯鴨掌，櫃上夥計都回說調和不全，沒能吃到嘴。有一次他跟楊雲史慨嘆說：「吃同和堂的天梯鴨掌比起老總放個巡閱使還難。」雖然是句笑談，足見這道菜是多麼金貴啦。同和堂自抗戰軍興就歇業，往後「天梯鴨掌」也就成為歷史名詞了。

香氣馝馞的菊花鍋子

前天在花展市場看見兩盆真正白菊花，普通白菊花花瓣多半呈蟹爪形，花心泛綠，其味苦中帶澀。真正白菊花瓣挺放，花瓣、花心一律純白，當年袁寒雲所寫的《寶筵隨筆》記述甚詳，認為吃菊花鍋子，必定要用這種菊花方稱上選。

早年名坤伶劉喜奎，雖然花顏玉媚，可是稟質蓬脆，飲食極為清淡。當時婦女尚不興吃烤牛肉，冬季只有涮鍋子、打邊爐、鍋塌羊肉等，她都嫌這些吃法肥膩濃腴。她未嫁崔承熾時，凡是冬季三五知交應酬場合，有喜奎在座，必定給她叫個菊花鍋子。談到菊花鍋子，臺灣雖然菊花品種不少，最近才發現有人育成了純種白菊花，可是還沒發現哪一家飯館有菊花鍋子應市。

北平的菊花鍋子，以報子街同和堂做的最有名。北洋政府時期交通總長葉譽虎公餘最喜歡在西山他的別墅「幻園」談詩論字，研究金石，秋冬吃飯時少不了有一隻同和堂叫的菊花鍋子。

同和堂是北平八大飯莊子之一，因為沒有戲臺，所以布置得簷檻錯落，花木紛綺，八大飯莊以包辦筵席為主，只有他家兼供小酌，天梯鴨掌、鍋塌鱖魚都是他家的拿手菜。茶房頭趙仲廉，是北平勤行的領袖，他說：「同和堂的菊花鍋子湯，絕不用雞鴨湯，而是上好排骨吊的高湯，所以鮮而不膩，一清似水，鍋子料一定是鱖魚片、小活蝦、豬肚、腰片，什件都是去疣抽筋，一燙即熟，菊花選得精，洗得淨，粉絲、饊子都用頭鍋油炸，所以沒有煙燎子味兒。一個菊花鍋子最後賣到一塊二毛，連本錢都不夠，算是應酬主顧的一道菜，來同和堂小吃，當然也很少就要一個菊花鍋子的。」

同和堂的菊花鍋子總是點好酒精才端上來，高湯一滾，茶房掀鍋蓋，很麻利的把幾盤鍋子料一齊下鍋，頭一滾再放菊花瓣，蓋上鍋蓋一燜，就連湯帶菜用小碗盛出來奉客。早年北平飯莊子上菜，很少有茶房分菜敬客的，只有菊花鍋子是例外，因為大家筷子動慢，鍋子料一燙，鮮嫩盡失，就不好吃啦。來臺灣三十多年，除了涮羊肉鍋子外，四川毛肚火鍋、東北酸菜白肉血腸火鍋，飯館裡都有得賣，唯獨不見有賣菊花鍋子的，實在令人不解。

河鮮冰碗、水晶肘、荷葉粉蒸一把抓

北平西北城有個地方叫「什剎海」，玉泉流霙，瀦滀停洄，長夏將臨，綠荷含香，芳藻吐秀，商販雲集，立刻闢為荷花市場。要等秋蟬噎露，炎歊洗淨，才結束一年一度盛會。

靠近後海有一家叫「會仙堂」的飯莊子，高閣廣樓，風窗露檻。晚清末年名公巨卿在此時有文酒之會。到了民國初年，因為僻處城北，除了每年暑季芙蕖瀲灩，趁著荷花市場熱鬧一陣子外，到了西風催雪，偶或有些騷人雅士登樓小酌，詠觴一番，稍有點綴而已。這家飯莊堂倌伺候殷勤，視野開闊，我對它倒也頗具好感，每年夏天總要光顧幾次。

舍親李榴孫、知友宋一龕，還有摩登詩人林庚白都是喜歡喝果子酒的。有一年時屆中伏，火傘高張，林詩人一再嬲我找個地方暫避塵囂卻暑消夏，以遣長日。我忽然聽到門口吆喝賣老菱角的，靈機一動，想起了什剎海，拉著他們三位直奔後海會仙堂吃河鮮冰碗喝果子酒去。

會仙堂因為地近荷葉田田的十里蓮塘，到了仲夏，隨時有新鮮菱藕可採，所以他家的冰碗就精彩啦，鮮蓮雪藕、芡實、桃核、杏仁、榛瓤，外加剝皮去核的紅杏、水蜜桃，白華赤實、冽香激齒，配上他家窖藏的南海竹葉青，開樽恣饗，確能暑焰頓消。宋一龕酒量雖差，食量卻宏，吵著有此佳釀，豈可無珍肴美味。其實我早關照堂倌，預備一盤水晶肘兒、一碗荷葉粉蒸雞、烤饅頭片、荷葉綠豆稀飯來佐餐了。

他家的水晶肘早年曾經張香濤（之洞）品題過，認為潔淨無毛，濃淡適度，凍子嫩而不溶，可以放心大嚼。經此讚譽，水晶肘兒立刻成了他家的名肴。荷葉粉蒸一把抓（一把抓是雛雞）是會仙堂的拿手，會仙堂因為門外就是什剎海，所以荷葉取之不盡，老嫩遂心。天一矇矇亮，這時露珠盈碧，翠蓋澄鮮，就按二八的比例挑選最老和最嫩的荷葉採回來洗淨備用。一把抓的雛雞剁成八塊，用自製的米粉加入茯苓粉三成加作料拌勻，用老荷葉包嚴，上鍋蒸熟備用。上菜之前，再改放在嫩荷葉裡蒸熱上桌，清颸流齒，香而不膩，用來就饅頭片、荷葉粥吃，雖在盛暑，絕無肥醲的感覺。李、林兩人每逢入梅，就有暑夏鬧濕氣、不思飲食的毛病，自從這一餐之後，認為頗具開胃功效，於是他們兩位夏天就成了會仙堂的常客啦。

令人難忘的早點

北平從前除了大富大貴，一般普通人家很少在家裡吃早點的。當時雖然沒有晨跑、跳土風舞、打太極拳一類活動筋骨的運動，可是時興早晨遛彎兒。把筋骨活動開了，肚子有點發空，街頭巷尾有的是賣早點的。甜鹹酸辣五味俱全，你盡量換著樣兒吃，準保整月不同樣兒。其中我最欣賞八面槽一帶賣豆腐腦的。

最近臺北有一家餐館有饒陽豆腐腦賣。提起饒陽有許多人不知道在哪一省，其實就是河北省深縣，從前叫深州。深州以出產水蜜桃馳名全國，該處所產的桃子實大水多，跟奉化的玉露水蜜桃，一南一北相互輝映。至於深州的豆腐腦知道的人就寥寥了。

八面槽那位賣豆腐腦的姓周，因為他身軀矮小，為人隨和又愛說笑，所以大家給他起了一個外號叫「恨天高」，他自己還挺得意呢。久而久之，大家都叫他恨天高，有些人連他姓什麼都不知道了。恨天高就是深州人，原本在深州大街上賣豆腐腦，直奉之戰他怕抓伕，就逃來北平重操舊業。他每天六點準出挑子擺在八面槽錫拉胡同口外，豆腐腦是用老滷點的，可不帶一點滷味。勾出來的黃花木耳肉片滷，黃花木耳用料雖然不多，可是選得很精，肉用肥瘦肉切成薄片（**跟此地饒陽豆腐滷裡放瘦肉丁完全不同**）。他勾的肉片滷，兩個小時要賣一百五六十碗，舀來舀去滷都不瀉，人一誇他滷好，他就說：「這跟俺在家鄉做的差遠了去啦！此地沒有深州高台井的水重而且甜，所以豆腐腦差點勁兒。將來如果有緣，咱們去深州遇上，我用高台井水做的豆腐腦給您老嘗嘗，就知道俺不是胡吹亂嗙啦！」其實他在八面槽的這份挑子，在北平已經算是第一份了，真有人從安定門遛到八面槽來喝碗豆腐腦的。

他挑子上還帶賣馬蹄燒餅，他每天從寶華齋買一方片好的青醬肉來，熟主顧跟他說：「一碗夾兩個。」就是一碗豆腐腦、兩套馬蹄夾青醬肉。這一份早餐真是適口充腸，現在吃過的人談起來，沒有不流口水的，將來返回大陸，怕也不會有這樣早點吃了。

晶晶琢雪話雞頭

近年菜市攤頭有新鮮蓮子出售，驀然間想起已涼天氣未寒時，北平吃老雞頭的滋味來。跟吃過老雞頭的朋友聊起來，無不饞涎欲滴，深具同感。老雞頭學名叫芡實，在臺灣沒看見過鮮芡實，僅中藥店有乾芡實入藥。老雞頭雖然生長在湖沼地帶，可是在滬寧武漢一帶，還沒有見過有挑擔沿街叫賣老雞頭的。

北平城內泊淀極少，僅賴玉泉，一水回折，城南的金魚池，城北的積水潭，都不種植菱藕雞頭，只有什剎海、筒子河及西郊海甸種植老雞頭，芳藻吐秀，紫曼澄鮮。據說下河採收，要在拂曉之前，芡實一隔夜丹莢變色，即有苦澀之味，所以沿街叫賣都稱「老雞頭剛上河喲」。

老雞頭外殼除了長滿短刺之外，真像母雞的頭，頂端泛綠，紫蕊吐豔。因為全身長滿利刺，小販都帶有一具小釘耙，可以釘住外皮，撕開驗看老嫩。嫩者內皮柔黃，老者內皮泛綠，不老不嫩名為「二蒼」，皮色黃中帶綠，最受大家歡迎。嫩者煮熟後一剝即開，用牛奶加糖煮熟來吃，珠蕊凝結，三漿香泛，尤勝蓮羹。老者外殼堅實，吃時須用錘敲開外殼，剝出來吃，牙口好者說是果肉若金，極富咬勁。至於二蒼子清香馥郁，甘旨柔滑，而且可以入饌。揚鎮有一道小菜叫「炒米果」，把糯米粉搓成細粒滾圓，與薺菜、火腿切成細末同炒，名為炒米果，不但宜飯而且宜粥。當年袁寒雲以「皇二子」之尊，每月都在中南海流水音舉行詩鐘雅集一次。袁的夫人劉梅貞是安徽貴池人，擅製炒米果，經寒雲指點，把米果易為二蒼子程度的芡實米，果然其味甘純，勝過米果。等到散席，閔爾昌、方地山兩人獨要把這盤殘羹剩馥打包帶回，做文章時邊看邊吃，以助文思。現在，在臺灣根本看不到鮮雞頭米，求其用鮮芡實代替米果的美肴，只有徒殷夢想了。

太陽糕

前兩天跟幾位北平朋友小酌，其中有一位突然問我，您吃過太陽糕沒有？太陽糕有點什麼典故？我說：「全國只北平農曆二月初一有太陽糕賣，把白米磨成粗粉，糰好塞在木頭模子裡，做成有花紋的麵餅，五枚一層，頂上一層插上一隻五彩繽紛、用江米麵捏的小公雞，五隻算一堂，買來祭太陽神的。所謂太陽神，實際就是明朝的最後一代皇帝思宗（崇禎）。在清定鼎中原時，一般老百姓認為崇禎非亡國之君，死得又慘，民間懷念故君，所以託詞為太陽神做太陽糕來祭祀他。」

有一年，因為吃太陽糕，跟民俗專家金受申君談到太陽糕淡而粗劣，實在難以下嚥，為什麼不做得好一點。金說：「太陽糕是蒸鍋鋪小力笨們捏出來蒸的，賣了錢櫃上不入帳，是給他們剃頭、洗澡的零用錢，沒糖沒油，那還能好吃得了。既然提起太陽糕，我就陪您去訪一位特殊人物，他做的太陽糕是北平獨一份兒，今天正月底，咱們現在去，可能還掰個供尖呢！」他事先也沒告訴我，特殊人物是誰。

這位特殊人物住在東直門裡羊管胡同，住的是很破舊的小四合房。經受申兄一介紹，他從懷裡掏出一張名片來給我，中間三個仿宋體字「朱煜勳」，左上角印著「明裔延恩侯」，敢情站在我面前的他就是明朝後裔第十二代襲封的一等延恩侯。他兩手都是薄麵，正在蒸太陽糕準備明天祭祖呢！

早年辛亥革命告成，當時優待清室的條件，有「王公世襲概仍其舊」一條，所以他仍舊掛著清朝給他的一等延恩侯頭銜，每年照支歲俸八百元，每年春秋二季往昌平縣天壽山明朝十三陵致祭，還可以向小朝廷的內務府報銷點旅費，來貼補日常用度呢！這位延恩侯雖然衣衫破舊，可是言談舉止，倒還端莊閒適，他捏的太陽糕是帶有核桃棗泥餡兒的，比市售太陽糕約大兩倍。他尚未蒸好，所捏的朱冠鋼羽大雄雞，風采踔厲，無絲毫匠氣。凡是認識他的人，二月初一來跟他要太陽糕，他都會送一份。近年要的人少了，他也還要送出去二三十份呢！臨走他送了我們每人兩隻捏好的雄雞，我一直妥慎收藏，放在玻璃櫥內，放了兩年，不裂不霉，不知他放了什麼藥劑在內。

民國十四年，遜帝被馮玉祥逐出紫禁城避居天津，這位延恩侯居然千辛萬苦湊了幾塊錢川資，搭火車去天津張園叩見故君，以示不忘清廷二百年對明朝後裔的宏施。我當年雖然只看見而未吃過他做的太陽糕，可是每年二月初一，這位延恩侯朱煜動所捏的大公雞的影子，總要在我腦海裡晃蕩幾次呢！

北平的重陽花糕

重陽節依據《續齊諧記》上記載：「汝南桓景隨費長房遊學，長房謂之曰，九月九日汝南當有大災厄，急令家人縫囊盛茱萸繫臂上，登高飲菊花酒，此禍可消。」－《土風記》云：「漢俗九日飲菊花酒，以祓除不祥，茱萸插頭，言避惡氣，而禦初寒。」－照以上兩書所說，古人重陽登高飲菊花酒、佩茱萸是防穢避災，以消陽九之厄的了。所謂茱萸有兩種，一種普通茱萸是可以食用的，一種藥用茱萸又名吳茱萸，那就是入藥用的了。菊花也分草菊、藥菊兩種，現在菊花酒已不多見，可是喝菊花茶仍然很普遍。北平餑餑鋪做的花糕計分三種，粗花糕（大型）、細花糕（小型）和毛邊花糕。

粗細兩種花糕都是用菊花形模子烙出來的，用料方面細花糕精細，粗花糕的粗放一點。至於毛邊花糕，用料不比粗花糕差，只是揉成大塊，然後切成方塊賣，賣相稍差而已。無論哪一種花糕，早年都黏上一枝嫩茱萸葉，直到抗戰勝利回到北平，花糕上的茱萸葉才取消了。

據毓美齋掌櫃的說：粗、細花糕四邊都嵌松子，面上黏一點茱萸嫩葉，說是當年師傅就是這樣傳授的，遵古炮製，其實細一研究，這些都是根據《荊楚歲時記》的記載而傳流下來的。

北洋軍的曹錕最愛吃重陽花糕，當了大總統之後，有一年，關照嬖人李彥青訂一批重陽花糕給他幾位貼心的舊屬，誰知李彥青事一忙把總統交代的這件事給忘了。重陽佳節曹錕在懷仁堂宴請各政要聽平劇，他忽然問王承斌吃到花糕沒有，王承斌根本未蒙賜贈，又未便深說，只好含糊其詞。李彥青知道其事不妙，早晚西洋鏡拆穿，一定有麻煩，於是連夜派人到正明齋叫開大門，立刻開爐忙做了兩千隻分別送出。後來正明齋的郭掌櫃說，過了重陽再做花糕，還是他畢生僅有的一次呢。但此例一開，北平餑餑鋪一年到頭都有重陽花糕賣啦。

三不黏

這雖然是一道不起眼的甜品，但可算是真正北平的吃食，在北平也只有廣和居才會做。廣和收歇之後，大師傅被同和居請了去，北平除了同和居，哪一家山東館都不會做「三不黏」這道菜，同和居獨沽一味，有二三十年之久。

提起廣和居，是北平歷史最悠久的一家飯館，地址在宣武門外南半截胡同。根據清朝名臣、大儒、逸士、碩彥私家記載，此居歷經嘉道咸同光宣六朝，一直到民國十六年北伐告成，朝臣筵宴、名流雅集，都以廣和居為首選。潘炳年的「潘魚」，吳閏生的「吳魚片」，江藻的「江豆腐」，都是那位貴客親入庖廚跟廣和居掌勺的大師傅指點研究出來的名菜。廣和居一收歇，同和居的東家恐怕名菜失傳，於是不惜重金把廣和居的頭廚、二廚一塊兒延攬過來。

提起同和居，在清朝末年也是赫赫有名的飯館，它是光緒年間才開業的，清朝朝臣早期散值，原本是去西四牌樓北的柳泉居，或是缸瓦市的和順居（俗稱砂鍋居），聚會談談朝議未了的事。由於柳泉居太吊腳，砂鍋居又只賣燒燎白煮，既膩人又單調，南方大佬多半不習慣，於是同和居才應運而生。

前面所談三不黏這道甜品，原本是廣和居二廚老葛的拿手活，是他帶到同和居來的。三不黏是「不黏筷子、不黏碟子、不黏牙齒」，合肥李鴻章快婿張佩綸給這個菜取的名。其實這道菜並沒有什麼深文奧意，不過是糯米粉、雞蛋白、豬油、白糖、桂花滷子少許而已，可是份量如何調配，火候怎樣使用，另有訣竅，咱們摸不清楚罷了。以目前臺北來說，掛北方招牌的飯館可真不少，可是又有哪一家會做三不黏呢！這個甜菜可能就算失傳啦。

糟蒸鴨肝

前兩天同幾位北方朋友，到一個新開的山東館去小酌，有位朋友說：「你是有名吃家，怎麼到飯館吃飯你從來不點菜呢！今天你一定要點兩個菜讓我們嘗嘗。」我說：「我之所以不願意點菜，就是怕崩了手（意思是怕灶上沒那份手藝）。」

跑堂的雖不是山東老鄉，說話帶點徐州府口音，馬上接過來說：「灶上紅白案子都是濟南府來的，只要您點的是濟南菜，大概做出來都不離譜兒。」他既然這麼樣說，我就點了個糟蒸鴨肝，他趕忙到灶上商量半天，回來說：「今天櫃上沒買到清肝，如果用沙肝，恐怕蒸出來沙性重不好吃，您重點一個吧！」我說：「你們濟南館最會用糟，你就來個燴鴨條、鴨腰加糟吧！」結果跑堂的忸怩半天，說今天沒預備白糟。大家知道我所說不假，於是讓跑堂的隨便配幾個菜，吃喝起來。

同座有位戚先生，他從前做過青島東萊銀行的經理，他說：「只聽人家說北平豐澤園的糟蒸鴨肝好，究竟好在哪裡？」

我說：「豐澤園在北平濟南館算是後起之秀，他家老闆主張美食必須要有美器來襯托，他家糟蒸鴨肝，是用徑尺大瓷盤，不是白底青花，就是仿乾隆五彩，上菜時盤子上扣著一隻擦得雪亮的挑鈕銀蓋子，一掀蓋，隻隻鴨肝對切矗立，排列得整整齊齊。往大裡形容，很像曲阜孔廟的碑林；往小處說，很像一匣雞血壽山石印章，看著就讓人心裡痛快。這個菜的妙處，在糟香散馥，毫無腥氣，火候要拿捏得準，蒸好上桌不老不嫩，鹹中帶甜，恰到好處。北平名人蕭龍友最愛吃豐澤園糟蒸鴨肝，他說四川的肝膏跟濟南館的糟蒸鴨肝，可以說是南北二絕。現在臺灣有不少濟南館，甚至還有一家北平豐澤園，但是能夠做出像豐澤園那樣好看、好吃的糟蒸鴨肝，恐怕還不太容易呢！」

蟹粉湯包

北方人吃包子，講究天津狗不理的包子，餡大皮薄油足，等吃過上海五芳齋的小湯包、南翔饅首、淮城湯包，才覺得狗不理的包子不過爾爾。

北平的玉華台在錫拉胡同開張，故友畫家陳半丁、名醫江逢春都是說吳儂軟語、久住北平的蘇州人。他們說：「玉華台做的淮城湯包，比在淮城本地吃的還要技高一籌。」我們一到玉華台，招呼客人的是「崔六兒」，他跟趙有福是北平勤行兩隻鼎，半丁兄跟他說明不喝酒，是專程來吃湯包。他家籠屜特別大，一籠矮趴趴的只有六隻。籠屜一端上來，每人先奉上一塊熱毛巾，擦完手用兩隻手抓到碟子裡稍涼，放在匙羹裡，先把包子皮咬破先吸後吃，才能整個包子入肚。如果不會吃，只能吃了皮，可能包子湯嗆了鼻子、燙了舌頭。一籠吃完又上一籠，時間拿捏得正好，這就要看白案子的功夫、堂倌的眼力了。這種湯包香美如油，湛露瓊卮。據說玉華台後來不是熟人專吃湯包，他還不應，酒席上的鹹點才給您來上一籠，可以說是湯包中絕味。

來到臺灣，幾個好吃的朋友湊到一起，談到玉華台的湯包莫不饞涎欲滴。想不到無意中在屏東夜市吃到了慰情聊勝於無的湯包。還來臺北之後，無意中發現信義路永康街口有一家專賣點心的鼎泰堂，他家的蟹粉湯包，餡子裡確實含有蟹肉，鵝黃溶漿，湯腴味正，跟那些在包子縮口上摻一點咖哩，愣充蟹黃者完全兩樣。老闆楊秉彝說：物價漲，他賣的點心當然也跟著漲，絕不在調和上打主意，所以他的蟹粉湯包永遠保持一定的水準。老闆是山西人，最初開油坊附帶賣高醋。吃湯包最好是蘸薑絲高醋，他家拿出來的就是黃色米醋。台北市餃子館、包子鋪多如過江之鯽，不知道是哪位師傅傳授，十之八九都是用化學白醋加涼水，腸胃弱的朋友吃了這種酸醋，焉能不肚瀉胃不舒服。雖然對他們言之諄諄，可是聽者藐藐，也只好由他們去吧！

甜牛肉就旋餅、薄餅捲小碗肉

不久前一把大火，把臺北牛肉麵的發源地桃源街燒得好慘，有些朋友跟我說，又少了一處吃牛肉麵的地方啦！我說：「我是曾經滄海難為水，除卻巫山不是雲在民國三十八、九年我曾經光顧桃源街吃牛肉麵，那裡餐具洗得太馬虎，一水為淨，實在令人噁心。牛肉挑選則有欠精細，老嫩不一，而且過分油膩。最可怕是放上一兩片濕漉漉的生菜葉子在碗裡，如果是噴過農藥的菜，準保沒把殘留農藥沖洗乾淨，所以我只此一回，下不為例。」

談到吃牛肉，武昌的牛肉豆絲，固然遠近知名，上海弄堂汽油桶的牛肉湯，倒也貨真價實，腴而不膩。要說真正好吃，要算洛陽吃早點的「甜牛肉」就「油旋」，晚飯「三翻一吹」的薄餅捲小碗肉。

洛陽人清早起來，講究吃甜牛肉就油旋，我剛到洛陽，一聽說吃甜牛肉恐怕吃不慣，正打算敬謝不敏，我的一位同學鄭珍說：「甜牛肉是清燉牛肉，不放任何佐料，連鹽、蔥花都免了，初到洛陽的人總誤會是放了糖或蜜，所以叫甜牛肉，你吃上幾天可能還會上癮呢！」我說：「我從小喝慣清蒸牛肉汁，對於這天然鮮味，已經領略多年啦！清牛肉湯，只要不是甜的，準能合我胃口。」

油旋又叫「一窩酥」，是油烙的餅，餅中間有一塊麵頭兒，用筷子夾起來一抖，馬上鬆散，跟清油餅的做法一樣。把餅泡在甜牛肉湯裡吃，是洛陽早點中一絕，沒嘗過的人是體會不出個中美味的。

晚飯不吃油旋，就要吃薄餅捲小碗肉了。山東、山西、河南三省做麵食，都是各有一套的。洛陽人烙薄餅，乾濕軟硬都拿捏得恰到好處，薄餅講究「三翻一吹」，用擀麵杖把麵擀成直徑兩尺大小，往鐺上一攤，真是翻三次加上一吹，餅就熟得蹦起來了。小碗肉是紅燒牛肉，肥瘦適中，不油不膩，夾兩塊捲在餅裡，一邊吃一邊吸，能讓牛肉汁不流出來的，那是一等一的老吃客。我說這話時，有一位河南林縣朋友在旁邊，他說：「我雖然是河南人，九歲就跟家人到臺灣來了，洛陽有這麼好的東西居然沒嘗過，將來回去必要先回家鄉嘗嘗甜牛肉就旋餅，才不枉自己是河南人呢！」

銅鍋蛋

中國菜肴烹割，最注重「火工」。所謂火工，也有極大的差異，有的需要慢火力要低到若續若斷之間，煮上十幾小時固然好，煮上一天兩夜更能入味。有的菜吃快火，像清炒蝦仁有七勺子半的講究，真是分秒必爭，不但下鍋快，翻炒快，起鍋快，甚至連上菜都要快。

現在臺灣最常見的就是炒鱔糊，菜端上來，滾油往上一澆，「嗞啦」一聲，青煙直冒，全仗堂倌眼明腿快，否則端上來油往上一澆，悶聲不響，豈不大殺風景。河南飯館有一個菜叫「銅鍋蛋」，雞蛋五六枚破殼放在大碗裡，用竹筷子同一方向急打一兩百下，打得蛋液發酵，在碗裡蛋液泡沫如同雲霧一般脹了起來，然後將銅鍋在灶火上燒紅，放入煉好的豬油、蝦子、醬油，先爆蔥、薑，爆香揀出，蛋液倒入油中翻滾，然後將銅鍋用火鉗子夾住離火，工夫久暫那就要看大師傅手藝了。此刻蛋在鍋裡，已經脹到頂蓋，堂倌快跑送到桌上，不但鍋裡蛋吱吱作響，而且脹起老高，不僅好看，且腴香噀人。

銅鍋蛋原本是用紫銅鍋，它傳熱快，不知道為什麼改成鐵鍋了，黝黑焦底，滋味雖然沒有什麼不同，可是觀瞻上就差得太多啦！

袁抱忱寒雲生前不但會吃，而且肯下工夫研究。他說他有一個銅鍋蛋簡易做法，而且吃了不鬧火氣。他住在上海梅伯格路時期，時常約我跟他靠煙盤子聊天。我對鴉片是從不沾唇的，可是他在煙盤子裡放了兩盞太古煙燈，一盞他抽煙，另一盞架著一個小鐵架子，他三筒煙抽完，我這邊銅鍋也發出香味，敢情我這邊燈上燜的是小型銅鍋蛋。他掀開鍋蓋，也是頂鍋香，他用上好「雪舫蔣腿」，肥三瘦七剁成碎末，加入蛋內，自然比河南的銅鍋蛋又味高一籌了。

舍下現在仍舊不時吃燜蛋，不過不用銅鍋、鐵鍋，而用帶蓋瓷盅來蒸，味道是一樣的鮮美，只是吃完之後洗瓷盅比較麻煩而已。

燴三袋、燒黃香管

日前有幾位原隸河南籍而沒到過河南的同學，跟我在茶藝館煮茗清談，他們只知道黃河鯉魚在洛口以西逆流而上，想跳龍門，額頭讓急湍澎擊得血跡殷然，名為「躍鯉點朱」，是河南省唯一名菜。至於此外還有什麼名菜，他們就不清楚了。

我說：「河南地處中州，開封舊名大梁、汴梁、汴州、祥符，是歷代帝王建都之地，一直到南宋遷都臨安，才繁華稍歇。談到飲饌，自然含英咀華，臞滑珍美。」

開封有家登瀛樓飯館，有「燴三袋」和「燒黃香管」兩道名菜，是別處吃不到的。「燴三袋」是三種肚子燴在一起的佳肴，所說的袋，就是胃袋。他們把豬肚、羊肚頭、牛肚領用鹼水和麵搓去臟氣，然後清洗乾淨，用雞湯煨至極爛，然後用筍片火腿來燴。據說當年慈禧皇太后嘗過之後也連連稱讚，回鑾返京，指名要御膳房做。御膳房試過幾次，悉難稱旨，可見這道菜必定有其獨特之秘，現在恐怕已經失傳了。

「燒黃香管」是袁寒雲住在中南海流水音時，他的小廚房的一道名菜，跟脊髓同燒，脆而且爽，堂饌豐餘，自然是外間吃不到的。據說易順鼎對於這道菜極為欣賞，可是始終不知道黃香管是什麼。後來袁的幕客陸增煒把這個秘密告訴了江東才子楊雲史，楊在東興樓請客，特地讓東興樓頭廚做過一次，果然雁齒饜舌，別有香脆，這不傳之秘才宣揚外間。所謂黃香管不過是氈喉食道，經過陳紹醞潤而得，火工到家，自呈香脆。登瀛樓主廚老曾獨得袁廚之秘。自從老曾過世，這個冷門珍味，河南館子沒有別家會做，這道菜現在恐怕也失傳了。

黃河鯉魚三吃

現在臺灣北方飯館都喜歡拿一魚幾吃來號召，其實如果是兩斤以下的魚，掐頭去尾，兩吃也好，三吃也罷，實在是沒有什麼魚肉可吃了。在大陸時，舍間每年都是用活鯉魚祭天，然後放生。在清朝有功名人家，鑒於鯉魚跳龍門的傳說，家裡都不吃鯉魚。我十五六歲在偶然場合，第一次吃到鯉魚，覺得皮厚肉粗，還有一股子土腥味，因此對鯉魚毫無好感。有一年到河南開封勘察河工，當地士紳劉平一做了一桌道地河南菜請我們品嘗黃河鯉，吃完之後才吃出鯉魚的滋味來。劉平一先生說，吃黃河鯉魚以開封一帶的最為滑美清妙，黃河之水從豫西高地滾出，到了開封突然降為平原，河泥淤積，裡面蘊藏的幼蝦魚秧都是河鯉的美食，鯉魚食足水緩，自然養得又肥又壯。當地人管三斤以下的鯉魚叫「拐子」，三斤以上的鯉魚才可以上酒席呢！

開封飯館買回鯉魚來，要在清水池子裡養個三兩天，把土腥味吐淨，才能撈出來收拾下鍋，堂倌並且先要把鯉魚給客人看過大小肥瘦，然後問您怎麼吃？開封名庖都知道鯉魚的筋特別堅韌，必須抽去大筋，肉才鮮嫩好吃。一魚三吃，是開封鯉魚固定吃法，一半乾吃，一半糖醋瓦塊，頭尾魚雜加蘿蔔絲汆湯，最後把糖醋汁兒拌一窩絲麵條吃，跟杭州西湖醋魚拌麵吃有異曲同工之妙。河南人說話本就禮貌周到，飯館堂倌對待客人就更客氣，對人總是尊稱「您老」，等看妥鯉魚，說好做法，他把鯉魚往磚地上使勁一摔，總要說一句：「摔死了！您老！」初履斯土，聽了覺得有點彆扭，住久了也就習以為常啦！

鐏盈鰾玉話銀魚

在歐美似乎還沒有聽說過什麼地方出產銀魚，可是中國的湖北、河北、安徽、東北都有出產，但大小各異，鮮美也不相同。古人盛誇武昌魚，湖北的魚不但產量豐富，而且種類繁多。當年江蘇督軍李秀山（純）跟湖北商埠督辦方耀亭（本仁）結為兒女親家，李秀山的公子到湖北來就親。方府茹素，李是籃球健將，非肉不飽，李一到漢口，住在岳家既多有不便，就在舍間下榻。李生長北方，吃慣麵食，每餐都要吃麵，方府知道他喜歡麵食，特地送來幾盒雲夢魚麵。這種魚麵看起來跟普通扁條掛麵沒有什麼兩樣，可是煮好之後，用三合油一拌，吃到嘴裡比雞火麵還鮮腴爽口。

自從吃過雲夢魚麵，李公子對於湖北銀魚發生莫大興趣，他聽說黃陂出銀魚，只有一寸多長，全身銀白，紅眼墨尾，每年產量不過百斤左右，在清朝列為貢品，所以又叫貢魚。有一天休沐，他拉我到黃陂他的長親夏鄉紳家作客，吃了一餐銀魚雞蛋餅，他一口氣吃了十七張。餅雖不大，又是湯又是菜，也夠驚人的了，回到漢口直說過癮不止。害得他吃了兩天消化藥，飲食才恢復正常。天津衛河銀魚，在平津來說，可算是上食珍味，如果給人送禮，送點銀魚算是夠交情的禮物了，如果用桶裝連衛河水養著活魚一塊送，那就更不得了的名貴啦。

衛河又叫白河，到了嚴冬，河水凝固，在波平如鏡的河面上，用鉤鐮槍鑿個大冰窟窿，在開口垂釣，像冰柱似的七八寸大小的銀魚，一會兒工夫能釣上一兩斤來。這種銀魚通體晶瑩透明，只有一對眼睛是黃顏色，天津人喜歡拿來汆湯，說是魚肉滋補，魚湯鮮美。

我逢到有衛河銀魚總是弄個酒精暖鍋，把干貝、銀魚、茼蒿煮熟了下酒。抗戰前，南開大學張伯苓先生到北平參加大學校長會議，我請他跟周寄梅校長在舍下吃過一次，認為衛河銀魚這麼吃，才不辜負人家在冰洞旁邊餐風茹雪的辛苦，而銀魚的風味才全部顯露出來。

安徽巢湖，水淺魚多，螃蟹的碩大肥美，直追陽澄湖的大閘蟹。湖裡出產一種小銀魚，最長只有兩寸左右，多數都是一寸多，肉厚而細嫩，中間只有一條軟骨，當地人叫它麵魚，用麵拖了下鍋一炸，拿來下酒，骨酥肉嫩，可以連骨頭帶肉直吞，是下酒的雋品。

巢縣北街有一家沒名的小飯店，掌勺的是位黃阿婆，她先用黃豆芽煮豆腐，把豆腐煮出馬蜂眼後，棄去黃豆芽湯，另換冷水下調味料，放入活生生小銀魚煮，銀魚遇熱，全往豆腐裡鑽，結果小銀魚全鑽入豆腐裡去，湯、魚、豆腐，無一不鮮。後來我用衛河銀魚，選小的來做，終歸跟黃阿婆做的滋味不同。中國割烹之妙，確實有說不出的奧妙，知味之談只能意會，而不能言傳呢！

洪山菜苔

湖北武昌的洪山，出產一種莖呈深紫色的菜苔，棵大莖肥，鬆脆鮮嫩，尤其在經霜之後，入口甘脆，可稱一絕。民國二十二年夏季，武漢酷暑，夜月澄清，站在龜山興略樓前，遠眺第一紗廠的煙囪，白虹彌天，恍如玉柱。湖北名紳方耀亭（本仁）先生在武昌黃鶴樓畔，有一數畝小宅，倚山面江，奔流浩瀚，高峰競秀，池波生風，他知道我不耐酷熱，特地約我暑期移住此間避囂逭暑。澤口寓所驕陽竟日實在難耐，於是搬至方耀老的別墅度假。兩位執役老人，鬢髮皓然，都已年近花甲，晚間乘涼閒聊，才知清末先姑丈王嵩儒任武昌府知府時，兩老一丁一許都在府衙當差。彼時南皮張之洞任湖廣總督，發現菜苔這種珍蔬異味後，未敢獨享，當即列為貢品，齎送京師，交壽膳房配以雲腿絲清炒進呈御前供膳。當蒙慈禧皇太后的逾極讚許，並以餕餘派宮監賞給固倫公主嘗新，還傳諭把洪山菜苔種子移植豐台、海甸兩處培育。由於北平土壤氣候不適宜種植，始終未能培育成功，可是武昌洪山菜苔，已經名噪京師了。據丁老說：「真正洪山菜苔，在洪山也只有幾畝荷塘和蘆芽叢生的隰地出的才是珍品。傳說明朝秋決行刑，都在此地，重罪戮屍，不准苦主收屍，都扔在池沼水塘裡面。到了清朝不在洪山行刑，於是填為耕地，改種菜蔬，不但菜苔特別肥嫩，就是附近溪塘所種茭白筍，也都壯茁鮮美。北洋時期鄂督王子春（占元）為了結好關外王張雨亭（作霖），知道張喜歡吃茼蒿、菜苔一類山蔬野菜，特地把洪山荷塘一帶列為禁區，每年到了菜苔盛產時期，大量採擷，逐棵截斷莖口，用滾熱花生油一沾，裝罐、抽氣、焊封，運到東北。其間歷經舟車輾轉，最快也要二十多天，登盤薦餐，色鮮味香，毫不走樣。」一般人吃菜苔喜歡用香腸或臘肉同炒，丁老得劉師長多荃一位副官的傳授，說張大帥吃洪山菜苔都要素菜葷燒。丁老有一天大發豪興，親自動手，把菜苔洗淨，僅留嫩莖，用雞油大火爆炒，瓊瑤香脆，風味絕佳，恣饕之餘，兩人喝乾了一瓶茅台酒，至今想起來還覺得其味醰醰呢！

陝西鳳翔的柳手酒

自從反共義士孫天勤駕機投奔自由，因為他是陝西鳳翔人士，於是鳳翔一時間也成為朋儕間熱門話題。有兩位沒到過大陸的朋友，問我鳳翔到底有些什麼出產。我告訴他們，鳳翔在陝西省境內，陝西省會西安在古代是中國周秦漢隋唐都城所在地，前後八百多年，文化盛極一時；同時西域各國如天竺、波斯等鄰邦，都遣使入貢，使得古稱長安的這個省會成為接受外國文化最早的地方。

由唐朝大詩人李白的「胡姬招素手，延客醉金樽」、「落花踏盡遊何處？笑入胡姬酒肆中。」來看，當時長安市上的酒館，已經有洋妞當爐待客了。

鳳翔距離長安之西，只有四百多華里。陝西有句諺語是：「鳳翔三寶：東湖柳、女人手、鳳翔酒。」我初到鳳翔就聽過這個諺語，以為陝西地近邊塞，風高土厚，鳳翔東湖的垂柳，鬱鬱蔥蔥，青翠茂密，女人手白柔細嫩，鳳翔酒甘冽清醇而已。住了幾天跟當地父老一打聽，才知道東湖柳條長梗韌，用柳條編成簍子，外邊漆上桐油，鳳翔酒裝在簍子裡，搖搖晃晃，轉運千里，酒香才孕育出來。抗戰期間在大後方跟貴州茅台、綿竹大麴鼎足而三的就是鳳翔白乾改名的西鳳酒。

據說鳳翔的柳林鎮一帶，水質特佳，玄清卉醴，最宜釀酒。這一帶農家，等高粱成熟，都拿來釀酒，待酒釀成，由大眾公議，擇日開「品酒大會」，請當地善飲父老，逐一品嘗，讚香譽味，釐定等次。吐馥留香，杯濃積翠，場面之宏大，臺灣之大拜拜差堪比擬。

西北民情比較保守，彼時婦女服裝又沒有現在袒胸露臂這種時尚，襟袖稠疊，纖纖玉手，實在無法窺見，傳說鳳翔女手之美，只有徒殷結想而已。有一天，我應邀參加當地李姓宗祠新廈落成上香典禮，並有雜耍助興，有位唱梅花調的鼓姬叫連筱茹，一手拿著鼓錘，一手拿著梨花片，十指春蔥，手如柔荑，她手之美是當地有名的。在座有白石老人的高徒畫家李苦禪，博解宏拔，最喜歡說說笑話，他說：「張大千畫美人，開臉、髮髻、衣紋、配色無一不美，就是美人的手嫌胖一點。大千畫美人，如果拿這樣手做範本，那他畫的仕女就盡善盡美了。」聽說後來大千在北平天橋如意軒果然發現一位鼓姬，在北平有幾幅工筆仕女的手就是如此取法的。

此話是于非闇後來告訴徐燕蓀，才傳出來的，于跟大千交稱莫逆，所說諒非虛構。故友張人傑，隸籍東北，旅陝有年，他說：「鳳翔婦女不但手美，而且炕上一把剪子，灶上一把鏟子，針線、烹飪都拿手。」如此說來，鳳翔手不但美而且巧，那就無怪其然，讓人稱羨啦！

陝西珍味誇三原

好啖的朋友湊在一起，聊來聊去就聊到吃上來了，有人說江浙菜滑美甘純，有人說川湘菜臛澆芳烈。其實各省都有幾樣自成馨逸的拿手菜，只是我們沒有見過沒有嘗過而已。

就拿陝西來說吧，一般人總認為陝西地處邊陲，風高土厚，講到吃不過是大鍋盔、牛羊肉泡饃一類粗吃，一定是很濃厚的西北風味，無論如何比不上南饌珍味。您若是吃過于右老家鄉三原上等酒席，您就要自慚所見者少啦。

一般人常說：陝西接近西北邊陲，魚龍蝦鳳，當地人以牛羊肉為主要菜肴，殊不知陝西全省唯獨三原早年禁止屠牛，一直到民國初年這一傳統漸漸廢弛，三原城內才有牛肉賣了。

有人管三原叫陝西的蘇州。三原的酒席叫「紅案」，麵點叫「白案」，像天福園、明德樓、賓和園、薈芳齋專門包辦喜慶宴會，不賣小吃，每家都有一兩樣拿手菜。天福園的海爾膀其實就是冰糖肘子，可是其爛如泥，入口即化，誰家也做不出來。明德樓的攪瓜魚翅，據掌廚的張榮說，名字叫魚翅，實際是攪瓜絲，把攪瓜擦成透明的細絲，素菜葷燒，再一勾芡，誰也不敢說不是魚翅。這是于右任的親授，後來漸漸流廣，一般人家也有這道素魚翅吃了。賓和園有一個菜叫「白風肉」，是用花椒、鹽水燜爛的，很像鎮江的肴肉，拿來夾馬蹄餅吃，肥而不膩，頗可解饞。薈芳齋專門做素席，純粹淨素，菜裡蔥、蒜、韭菜一律剔除，就連味精也不用，茹素的人可以放心大嚼。

筆者民國二十一年到三原正趕上當地巨紳黨崇安接新姑爺回門，席面上四海味、四冷葷、四乾果，正當中放著徑尺空盤子，入席之後，除了四乾果之外，海味、冷葷一起倒在大空盤子裡拌攪享客，還有個名堂叫「十三花」。這是三原僅有別致吃法，現在回味起來，還覺得眾香洋溢，其味醇美呢！

四川泡菜罈子

古人說：「美食不如美器。」所謂美器並不一定說是餐具古樸雅馴，同時還有配合烹調技術，若用某些器皿，才能入味。例如揚鎮著名劖肉（現在大家都叫它「獅子頭」了），必定要用砂鉢子炭基來煨才能滑嫩夠味。要吃真正四川泡菜必定要有泡菜罈子，才能泡出標準的四川泡菜來。

舍下雖然世居北方，先曾祖、先祖都曾遊宦雲貴四川。西南人嗜食麻辣，猶如北人多喜蔥蒜，二者同有殺菌避瘴功用，兼能刺激食慾。先世遊宦南北，全家老少習慣成自然，辣椒乃成餐桌上每飯必不可少的作料，泡菜更是宜飯宜粥的小菜。四川泡菜固然出名，泡菜罈子雖然是粗陶製品，可是別處燒的就不對勁——現在鶯歌窯戶也有燒好的罈子出售，甚至有人拿樣子去訂燒，可是燒出來的製品愣是不對勁。

廣東也有泡菜是糖醋泡的，配燒臘吃，外省人叫它泡菜，廣東人叫它「酸果」，其實跟四川泡菜完全兩碼子事。正統四川泡菜，使用材料不多，花椒、鹽、高粱酒、薑片、紅辣椒、冰糖數塊，連同所選用蔬菜洗淨，用布把水分吸乾，一併投入泡菜罎子裡。不可有一點油星水分，否則泡不幾天，面上起一層白沫子，一罎子泡菜就報銷了。泡菜所用蔬菜以包心菜、王瓜、萵筍為大宗，泡菜高手可放些象牙白蘿蔔、水紅小蘿蔔，弄不好蘿蔔容易臭湯。放幾枚水紅蘿蔔，所有白色蔬菜都能帶上些微粉紅顏色，非常美麗。北平出產一種甘露菜，一圈一圈長得像寶塔，銀條菜好像白色嫩蘆筍，都是嫩脆爽口的菜蔬，再配上幾隻嫩薑芽、胡蘿蔔、嫩扁豆就色香皆備，百味俱臻啦。

醃泡菜的罎沿兒，一定要深淺合度，罎子上的蓋碗要嚴密合縫，不能走氣，天天要看看罎沿兒裡的水分深淺，一看水分不足就要加水。另外，夾泡菜的專用長筷子不能沾水、沾油，泡菜要放在陰涼透風地方，如果疏忽一點就會變質。浸泡時間剛開始泡為五至七天，以後泡時間就可以縮短，此外夏天溫度高，冬天溫度低，浸泡上應隨時加以調整。菜泡得入口後，調味品可以隨時增加。我家老幼都嗜食泡菜，幾乎天天都有泡菜上桌，靠南牆走廊一排都是四川帶回來的泡菜罎子，罎子各有不同時鮮菜蔬，罎子用得越久，泡出來的泡菜越醇厚。

臺灣皮以書女士生前，對於泡菜有幾句名言：「吃四川泡菜，要帶點欣賞的心情，慢慢的嚼，細細的品，才能從舌根上感覺到其味醰醰，妙趣無窮。」這真是知味之言。

四川泡菜罎子

新都美味醬兔腿

抽旱煙的人都知道，關東台片、金堂柳葉，一產東北，一產西南，都是菸中極品。其實四川金堂煙的產地在新都縣的獨橋河鄉，只有十多頃菸田，因為產量不多，所以極為名貴。

知友中農所技正胡印川兄是研究菸葉品種的專家，他為了研究金堂煙種植情形，特地到新都縣實地考察一番。當地土壤氣候是生產優良金堂煙的主要條件，如果移植，第二年組織變粗，香味消失就變質了。胡兄到新都考察金堂煙，正當新都秋收之後，他發現田裡到處都是黃毛野兔，跟當地農戶一打聽，敢情兔皮、兔肉也是新都的特產。四川有一種苕菜，是豬羊的一種飼料，剩餘的菜根又是最好的堆肥。野兔本來繁殖力極強，據說吃了苕菜傳代更為迅速而且肥壯，所以農家甚至以養兔子為副業，主要是剝皮外銷。

抗戰期間，出口銷到歐洲的兔皮多達一千萬張，去皮後的兔肉用花椒鹽一醃，酥而且嫩，是下酒的雋品。早期名記者濮一乘在皈依佛教之前，最喜歡吃兔肉，他把兔子後肢卸下來，在高粱酒裡浸上半天，然後塞在醬園子大醬缸裡，等第二年秋冬之交，將兔腿從缸裡拿出來烤熟，撕著就藺酒吃。

藺酒是四川跟貴州接壤的藺縣出的一種土燒酒，品質跟貴州茅台酒極為相似。據說四川最有膘勁的范哈兒（紹增）跟另一位軍長潘仲三（文華）發現醬兔腿配藺酒喝別有風味，有一次兩人一發豪性，賭吃賭喝，每人喝了兩斤藺酒，吃了二十七隻醬兔腿，未分勝負。酒後范哈兒呼呼大睡，潘文華還摸了八圈麻將，算是潘勝了。這一來新都縣的醬兔腿馳名遐邇，不過慕名前往的人，只能嘗到現醃的兔腿，至於醬兔腿，不是找到門路的老吃客，還不容易吃到呢！

南京馬祥興的三道名菜

明太祖朱元璋定都南京後，洪武二十四年，下令徙天下富民於白下，把個金陵城修建得雉堞堅新，號稱銀鑄。就拿城磚來說，可以把它截成磨刀石來磨精細的剃頭刀，刻意經營程度可見一斑。至於秘苑靈宮，更是銀樓金闕，迴環九閫。為了繁榮市面，並在秦淮河建了十六處明樓，風窗露檻，柱繞雅韻，全國財富珍玩悉萃於斯。而各地烹飪大師也都集中在南京，鼎俎豕臘，其味千千，故而「食在南京」是淵源有自的。當年好啖的朋友來到南京，大概沒有不光顧「馬祥興」的。據熟於南京掌故的朋友說：「馬祥興就是洪武年間創業的老館子。」

馬祥興設在南門外，是一幢帶樓的鋪面房，樓上樓下一共設有三十幾張方桌，榆木擦漆，用鹼水洗得蹭光瓦亮，顯得非常古樸乾淨，是清真館的特色。中央政府在南京的時候冠蓋雲集，馬祥興每天要賣兩三百隻肥鴨。他家把鴨子的胰臟用武火炊炒，瓊瑤香脆，食不留渣。也不知哪位好啖之士，給它取名「美人肝」，久而久之，馳名中外，連不喜歡吃內臟的歐美人士嘗過之後也讚不絕口，詫為異味。

挹江門有一條溪光澄練的河流，所產河蝦肉嫩且細，而且透明。將蝦剝去頭殼，留半截蝦尾不剝，清炒之後，登盤薦餐，每隻蝦蜷曲成環，一半晶瑩剔透，一半金光閃爍，並且還留一個摺扇形小尾巴，很像鳳尾，白健生給它取名「鳳尾蝦」。現在臺北好多江浙館子都有這道菜，可是蝦的本質、炸烹火候可就差多啦。

「松鼠魚」也是馬祥興拿手菜。松鼠魚一定要用蒜瓣肉的大黃魚，黃魚淡季，他家也絕不用鯉魚或別的魚代替。把魚肉橫切，深淺要連而不斷，裹一道稀芡粉，用油炸成金黃色，酥而且鬆，淋了糖、醋、薑末汁上桌，用筷子一夾，一條一條的魚肉有如松鼠一樣。魚刺因為讓刀得法，可以放心大啖。此間飯館也有所謂松鼠魚，有什麼魚就用什麼魚，切上幾道橫紋，用芡又厚，再加上炸的火候不準，端上桌來夾不開、撕不斷，魚刺滿嘴，您說能不能叫松鼠魚。這三道菜是馬祥興的三絕，會吃的朋友到南京馬祥興小吃，沒有不點這三樣菜的。

汪兆銘雖然是廣東人，可是對於馬祥興教門館子特別欣賞，他在抗戰之前行政院院長任內，因為陳璧君干涉到行政院人事問題，兩人大吵特吵，到了午夜氣消之後，忽然想吃宵夜，並且想吃馬祥興的「美人肝」。馬祥興在中華門外，又值宵禁時期，城門早已關閉，副官人等急得束手無策。幸虧當時姑爺褚民誼還在汪公館沒走，他是有名會逢迎的馬屁精，立刻拿特別通行證，叫開城門，把馬祥興的廚師接進城來給汪做「美人肝」宵夜，這件事在南京傳為趣談。

宜興的膩癡孵

同寅宜興周祖基，在民國二十年，武漢大水感染瘧疾，病逝漢口。周府在宜興原本巨族，不過祖基這房人丁稀薄，僅賴祖基夫人帶著獨子小敬支撐門戶。小敬雖然是大夏大學畢業，為了謀職方便，我把他推介進入統稅人員養成所，接受短期專業訓練，結訓後被分發漢口金龍麵粉廠擔任駐廠員。第二年，筆者奉派到蘇、浙、皖三省調查土酒稅稽徵情形，在宜興有兩天耽擱，小敬特地請了一星期事假，回鄉省親。

我到了宜興，小敬約我到他家吃頓便飯，我因事忙抽不出時間，小敬說，他的老母有一道拿手菜，一定讓我去嘗嘗。他家這道名菜叫「膩癡孵」，外鄉人自然沒吃過，這個菜名恐怕也沒聽說過。癡孵是一種魚，也有人叫「癡虎魚」，真正學名叫「吐魜」，頭小頂圓，魚體細長，以三寸大小的魚肉最為滑嫩。捉捕癡虎魚，既不需釣竿，更不需網罟，在深水溪澗河下舊草鞋，兩邊綁上兩塊破瓦片，給它們做窩，傍晚放下去，用竹竿樹枝在河裡攪和一陣，把水弄渾，它們就會躲進草鞋裡過夜。第二天晨光熹微，到河邊把草鞋撈起來，總是成雙成對、相依相偎在草鞋裡任人擺布，絕不游竄。頭一天做上十個二十個草鞋窩，第二天準保有一大盤癡虎薦餐了。

這種魚，公魚脂肪腴厚，雌魚滿肚魚子，把魚剖腹去鱗取出內臟，洗淨放在鍋裡，加水浸過魚身，放幾片生薑，滴幾滴老酒，等到半熟就撈起來，斬頭去尾剔去中骨——這種魚沒有小刺——剔出魚肉、魚子、脂肪備用，生豬肉切絲，中腰封火腿、干絲、筍絲、金鉤切碎，加配料快炒起鍋，最後放入魚肉、魚子、脂肪翻炒，加高湯一大碗，加適量鹽、糖、薑、酒、高醋，最後加芡粉攪到起稠，離火起鍋，放入胡椒、芫荽，趁熱進食，味道腴滑鮮美，比諸炒蟹糊更為玉漿香泛，明透如脂。這一道膩癡孵當然是周大嫂精心細製，比一般做法細緻多多。有一年賈果老（士毅）請客，他誇稱他的庖人三陽子所製膩癡孵可稱宜興第一高手，但我嘗了之後，比周大嫂所製尚稍遜一籌呢！

魔鬼蟹、八寶神仙蛋

舍親沈君在美國普度大學任教，他系裡有一位丹麥籍教授對中國文學極感興趣，對於中國吃更有研究，他說：「加州 Samoa 港口出產的螃蟹，比陽澄湖的紫螯大閘蟹的鮮嫩甜肥未遑多讓，所以當地的 Cookhouse 在螃蟹上市時，有一道時鮮菜叫『魔鬼蟹』。做法是先把螃蟹洗淨蒸熟，然後仔細剝下蟹蓋，把剔出來的蟹膏、蟹肉，連腿肉、螯肉，拌入火腿屑、蘑菇片，加上適當調味料，放在搪瓷盆裡，上面撒下一層厚厚的起士粉，放入烤箱裡烤十分鐘即可拿來供餐，飯館裡管這道菜叫魔鬼蟹。」

早年筆者在上海時，每逢陽澄湖大閘蟹上市，一班好啖的朋友總是相約到言茂源、高長興喝老酒吃大閘蟹解饞。我總覺得吃大閘蟹最好是喝雙溝泡子酒、綿竹大麯、貴州茅台，要不海甸蓮花白、同仁堂的五加皮，還有上海的綠豆燒才夠味。南酒中不管是竹葉青、女兒紅、花雕、太雕，似乎都不對勁。當年小辮子劉公魯、袁寒雲、李瑞九跟我都有同感，《新世界日報》的孫雪泥、《社會日報》的陳靈犀笑我們是「公子哥兒派」，李瑞九聽了很不服氣。有一天在他家請報界朋友吃大閘蟹。他是把螃蟹蒸熟剔出膏肉，雞蛋從頂上開一小孔，去黃留白攪打成漿，加入火腿屑、筍丁、鮮蘑丁，連同蟹肉拌勻，再塞入蛋殼內蒸熟供饌。寒雲說他家管這種吃法叫「八寶神仙蛋」。大家對於吃螃蟹宜用南酒、北酒莫衷一是，於是，南北酒俱備，黃白雜陳，結果北酒吃得精光，南酒開罈只燙了兩壺，還是李瑞九之兄伯琦病痔，醫囑禁飲（伯琦在他們合肥李家是著名的酒鬼，整瓶子往喉嚨倒，還能拉桌子玩上八圈），否則的話連泥頭都不用打啦。這一餐酒吃過之後，有些主張以南酒吃螃蟹的人才改變了論調。

調羹猶憶鮰肺湯

北伐前後，我住在上海，每天看《申報》、《新聞報》，記不得是《申報》還是《新聞報》，每天附贈《晶報》一份，內容有曹涵美跟魯少飛畫的漫畫，曹是細膩多姿，魯則婉而多諷，主筆張丹斧幾段三言兩語的補白，實在謔而不虐，令人回味無窮。

有一天，報上登著三原于右老去蘇州遊玩，上靈岩山禮佛，憑弔館娃宮響𨇤廊遺址、虎丘劍池西施撫琴臺，興盡賦歸，道經木瀆，在一家叫「石家飯店」的小館子打尖。大師傅姓石，人家都叫他「石和尚」，自東自夥。聽說來客中有位銀髯拂胸的是陝西三原于右任大老，他小時候就聽說西北簡樸荒寒，可是獨獨陝西三原特別講究飲饌，雖然不是雕蚶烹蛤，也沒有鹿尾駝蹄，可是對於菜的刀工、配料、火候、程序無不精到，右老又是黨國元勳，自然特別招呼巴結。等大家酒足飯飽，奉上蘇州特產鲃肺湯一碗，他告訴右老說：「木瀆活水源頭所產鲃魚要逆水跳躍，所以肺囊特別發達，製作時要把魚肺左上方拇指大小一隻苦膽輕輕摘去，千萬不要弄破，否則苦澀難當。肺上血筋也必須小心挑掉，洗淨後用蘇州當地釀造『蘇紹』（土紹酒）醃泡半小時，然後將鲃肺切成薄片，用雞湯一汆，釀成奇味，別具柔香。如果收拾得不乾淨，則腥濁苦澀，難於入口，鲃肺湯本來是『莊戶菜』，附近幾家飯店都會做這個湯，可是到小店來吃這個湯的客人最多。因為我們除苦膽有訣竅，從未漏破，任何人來吃，不用雞湯也用頂好的高湯，所以鲃肺湯算是我們的招牌菜，您老只嘗滋味怎樣。」右老聽了石和尚這一番吹噓，嘗了幾片，果然元脩菜美，毫不浮誇，撚鬚大笑之下，藉著三分酒興，拿來紙筆，筆飽墨酣的為鲃肺湯寫了一首七絕：「夜光杯酢鬱金香，冠蓋如雲錦石莊，我愛故鄉風味好，調羹猶憶鲃肺湯。」

自從于右老寫了這首石家鲃肺湯的詩以後，不幾天張丹斧在《晶報》上把原詩跟雅集情形刊載出來，別家小報因為「鲃」（ㄅㄚ）字不見經傳，還論戰不息，經過上海那些小型三日刊接二連三一陣筆仗，反而把個石家飯店打出個知名度來。凡是到蘇州來玩的遊客，到木瀆石家飯店嘗一嘗鲃肺湯，也被列為好啖朋友必不可少的項目。石家飯店為應付每天絡繹不絕來吃鲃肺湯的顧客，特地另砌大灶，添製大鍋，整天煮著雞架、豬骨頭，熬成色清味濃的好湯，專拿來汆鲃肺，後來又加上冬菇、火腿、扁尖，更讓顧客吃得讚不絕口。我到木瀆去吃石家飯店是陸鳳石（潤庠）前輩文孫請客，鲃肺湯免去火腿一些零碎，只是清湯加香菜、胡椒，據說這樣才能吃出原味。又有人說鲃肺根本沒鮮味，血筋剔不淨還帶點魚腥。我只去木瀆開過一次洋葷，還體味不出誰是誰非呢！

前些年去中華路第一公司，曾經看見有家石家飯店，因為門面不起眼，再想去居然沒找到。前幾天有人約我到臺北西寧南路石家飯店吃飯，飯後在等電梯，看到壁上有一幅大橫批，就是右老的那首詩，因為匆匆下樓，沒有看清是哪位書法家的大筆。既然他有這幅字，我想這家石家飯店跟木瀆的「石和尚」沾有淵源的，不知此地的石家飯店會不會做鲃肺湯，有空我一定再去光顧一番，讓他做幾樣蘇州小菜呷呷酒。去年春天，我在舊金山聽說有人準備開一家石家飯店，事過年餘，不知開張了沒有？如果已經開張，旅美的蘇州鄉親又有口福吃到鲃肺湯啦！

冰糖煨豬頭

抗戰勝利，余去江蘇泰縣收回戰前經營的鹽棧，棧內住有敵偽時期高級軍官眷屬，一時無法全部收回，僅騰出花廳數楹供我坐憩。舊僕啟東知余歸來，特來操持炊事。昔年鹽棧清客金駝齋，不時前來手談，有時留飯。有一天他忽然跟我說：「我們讓啟東做一次冰糖煨豬頭來吃如何？啟東是揚州船老闆名三攮子的外孫。清末民初，揚州法海寺以冰糖煨豬頭馳名揚鎮，若干善信來寺禮佛，無不飽啖豬頭而回。其實法海寺豬頭，都出自三攮子之手，啟東從小寄居外家，所以盡得其秘。」我小時在北平聽榮劍塵的單弦，其中有一段《窮大奶奶吃燒豬頭》的插曲，用一根稻草燒豬頭，一個豬頭沒煮爛，窮大奶奶坐下、起來，只有一百二十遍的唱詞。我想這個菜一定醇厚腴潤、非常可口。不過，這種不登大雅的菜平常是很難得吃到的，所以久誌於心，一直沒有機會一嘗。現在是賓主盡歡場面，而啟東又是個中割烹高手，自然不肯失之交臂，於是讓啟東做一次來嘗嘗。

豬最好是選「奔叉」靠近姜堰農家飼養的豬，因為該處生產的豬，豬頭皺紋特別少，而且皮細肉嫩，是做豬頭肉的上選，豬齡以將過周歲的幼豬最適當。豬頭買回來，先用鹼水刷洗，將豬毛拔淨，切成四或六塊，用濃薑大火猛煮，等水滾之後，將豬頭夾出，用冷水清洗，換水再煮，反覆六七次。此時豬頭已經熟爛，將豬頭的骨骼一一拆除，整塊放入砂缽裡。一個豬頭最好分為兩缽，缽底鋪上干貝、淡菜、豌豆苗，冬筍切滾刀塊，然後將豬頭肉皮上肉下放在上面；另放入紗布袋裝桂皮、八角，上好生抽、紹興酒、生薑、蔥段，加水，以蓋過皮肉為度。蓋子蓋嚴，用濕手巾圍好，不令走氣。用炭基文火煨四五小時，掀蓋將冰糖屑撒在肉皮上，再煨一小時，掀蓋取去紗布袋上桌。此刻豬皮明如殷紅琥珀，筷子一撥已嫩如豆腐，其肉酥而不膩，其皮爛而不糜，蓋肉中油脂已從歷次換水時出脫矣。

黃伯韜將軍駐節揚州時，每來泰縣視察防務均駐光效寺，時來我處熬魚貼餅子（**天津人家常飯食**），聽說啟東擅燒豬頭，乃約期來吃。鎮江商會會長陸小波適來參加商務彙報，煩我友人送渠海南紫鮑，渠不諳吃法，交啟東治饌。結果啟東誤聽發好後混入豬頭肉同燒，結果原缽登席，熱鏊久炙，鮑已溏心，其味沉郁，無殊譚廚鮑翅也。恣饗竟日，無不盡飽而歸。紫鮑之值比豬頭之值，遠逾十倍，於是名之曰「小吃大會鈔」。這個菜名，現在知道的恐怕沒有幾個人呢！

南京教門的桂花鴨子

六月底忽感胃納不適，於是住入三軍總醫院，做全身徹底檢查。既非臥床之症，每天晚飯後夜闌人靜，幾位沒有大病的病人，總要到病房外面透透氣，找人聊天。其中有位南京詹吉第君，知道我是在報上常寫吃食的人，他提出一個問題很有趣味。他說：「為什麼南京城裡城外大小清真教的飯館都多？」

我說：「我第一次到南京，發現城西一帶回教徒人數眾多、清真寺多、教門館子多，世交江士新兄告訴我說，因為明太祖的馬皇后是一位回教徒，所以回教在明初極為盛行。後來到幾座大的清真寺巡禮，發現那些寺院都是洪武年間興建的，才知所言不假。」

後來在一次酒席筵間跟江亢虎先生同席，江氏詞鋒很健，依據他的考證認為朱元璋原本也是回教徒，否則郭子興不會把近戚馬皇后嫁給不同教的部將。至於明初大將常遇春、胡大海、沐英也都是天方教人氏。這件事我很想深入考證，可是一直抽不出時間。江亢老說得有鼻子有眼，就姑且信以為真吧！

談到教門館子，飲食衛生是特別講究的，牛羊雞鴨一律活殺放血，而且割烹也比較精細，雞、鴨永遠是收拾得乾乾淨淨，讓您看不見皮裡肉外一根根毛樁子。因此南京清真館做的油雞、桂花鴨子也就馳名全國。

其實南京鴨子供應，十之八九來自安徽蕪湖、巢縣等地，小鴨子孵出來個把月，就由鴨販子帶著「牧鴨犬」開始一站一站往南京趕。沿路上田邊河汊拾穀粒、吃泥鰍，外帶隨時洗澡。鴨子一路上跑馬拉松，又吃的是活食，自然特別肥碩健壯，所以做出來的白油板鴨、琵琶鴨子，尤其中秋前後做的桂花鴨子特別腴潤，別有風味。

三杯軟飽後一碗滷鱔香

江蘇泰縣麵館的脆鱔是蘇北出了名的美肴，堂倌把炸酥的鱔魚倒在一張厚草紙上，一夾一壓成個鱔魚粉，撒在拌好的干絲上，有黑有白，酥脆綿軟，是下酒的雋品。吃剩下的脆鱔，倒在白湯麵裡更為有味兒。

無錫人對於吃鱔魚、鰻魚是最有研究的，講究粗鰻細鱔，鰻魚越肥壯，肉則越細嫩，鱔魚要粗不過指，大則魚肉發紫失鮮。所以在無錫飯館子都是要鱔絲、鱔糊，如果您要炒鱔片或馬鞍鱔，堂倌就知道您是外路來人，而非本鄉本土的吃客了。

揚鎮一帶處理鱔魚，主張生剔活剝，跟臺灣處理魚一樣。無錫殺鱔方法則跟別處不同，他們是先把活鱔在熱水裡一滾，然後撈出，剔腸去骨。過水鱔魚，鱔血不致流失，不但營養成分高，而且也比較人道。他們把鱔魚切成段，用好酒、醬油、冰糖屑浸透之後瀝乾，下鍋猛炸，炸成脆鱔，當年無錫城北拱北樓的脆鱔麵是無錫一絕。

可是在無錫吃滷鱔麵那就要到聚豐園了，一般麵館的滷鱔麵都是脆鱔加汁，唯獨聚豐園的滷鱔麵是把鱔魚劃成寬條。先將鱔魚在鹽、酒、醬油裡浸泡三小時，然後濾乾，入滾油快炸，微見焦黃，澆入加糖醬汁，使滷汁悉數被鱔魚吸收，然後放湯大煮下麵現做現吃，放湯多少就要看師傅的手藝了，湯少滷麵成糊，湯多魚鮮不足，聚豐園滷鱔麵，中湯味足，在無錫是首屈一指的。

當年吳稚老在北平忽然想吃滷鱔麵了，北平又沒有無錫那樣麵館，幸虧東方中學有一位王訓導員是無錫大吊橋街賣雞湯餛飩「過來福」的小老闆，他聽說老鄉長想吃滷鱔麵，特地做了兩碗送到稚老所住南橫街寓所來讓稚老品嘗。稚老吃得高興了，連說了幾個葷素兼備的笑話，聽得人人笑痛肚皮。此老滑稽灑脫，實在無人能及。

揚州劖肉

現在臺灣的淮揚館有一個菜叫「砂鍋獅子頭」，其實這個菜在江蘇鎮江還有人叫它獅子頭，如果您在揚州大小飯館要一客獅子頭，堂倌一聽就知道您是外地來的，揚州不叫獅子頭而叫劖（ㄔㄢˊ）肉的。這道菜雖然聞名南北，可是在揚州人的眼裡，劖肉只能算是家常飯菜，照規矩在正式酒席是不能登盤薦餐的。劖肉在揚州雖然家家主婦都會做，可是選肉、刀工、火候各有獨得之秘，所以這種吃力不討好的劖肉，飯館子也甘藏拙，不跟人家一較短長了。談到劖肉的選肉，有些人主張用前腿肉，有些人說是後腿肉好，據揚州美食專家杜負翁先生說：「做劖肉最好是中豬的肋條肉，細切粗斬。」細切者，切成細粒，粗斬者，略剁而已。至於北方的四喜丸子、南煎丸子，把肉放在木墩子上，兩把刀上下翻飛，如擊桴鼓，把肉剁成肉泥，肉的精華全失，所剩之肉悉成渣滓，無論煎、煮、煨、燉，吃到嘴裡，柴而且木，口之於味，胥有同嗜，所以吃過真正揚州劗肉的對於南煎丸子、四喜丸子就不屑一顧啦。做劗肉要加芡粉，把肉撮一小團，兩手交疊，略圓成團即可，不要疊得太緊，然後用青菜葉包好，取瓦質悶缽，或砂陶製鍋，先鋪上一以老酒蒸軟的肉皮，配上干貝，淡菜，冬菇，毛豆，冬筍（有冬筍時用冬筍，無冬筍時用扁尖）、菜心，風雞等，劗肉分白燒、紅燒兩種，白燒放鹽、薑、蔥、料酒，紅燒易鹽為醬油（醬油最好用生抽，分量要拿捏得恰到好處，否則肉會發酸），然後把菜葉包好的劗肉平鋪上層，避免重疊，蓋好缽蓋，四面用濕手巾圍嚴，不令走氣，從前講究用炭墼來煨，現在炭墼買不到，只好用極小文火來煨，煨好連缽子上桌，腴香鮮嫩，油而不膩，堪稱佳肴。

明爐乳豬

在廣東，最講究吃烤乳豬。新娘子出嫁，第二天婆家鑼鼓喧天給親家送整隻的明爐乳豬來，這就說明新人白玉無瑕，特來道喜。女方除了款宴來人，還要鳴鞭放炮，大宴親朋，以示誇耀。豪門巨富真有一送就是十對八對的。您在酒樓宴客，頭菜不用排翅鮑肚而用明爐乳豬，那就表示主人把您視為特級上賓了。先母舅久宦嶺南，據說廣州市的四大酒家——西關的「謨觴」、「文園」，南關的「南園」，長堤的「大三元」——對於烤乳豬，各有自己的手法和秘不傳人的訣竅。第一是選豬，乳豬的標準是不超過十二斤，殺好的豬仔大約是十斤，在腔內塗上玫瑰紅色腐乳，所用佐料像大蒜、酒、鹽、豆豉，用量的多寡，那就要看大師傅的經驗和手藝啦！乳豬餵好了佐料，把片子懸掛在陰涼透風的所在，把肉皮吹得略成繃乾，才能上爐來烤。我先以為明爐乳豬跟北方烤鴨所用的掛爐彷彿，誰知所謂明爐，根本不用爐，選一個避風地方升上薪炭，上面支上鐵架子，把片子穿在有轆轤把的鐵叉子上，把油料一遍又一遍塗勻，慢慢轉動來烤。烤好之後，皮則濇色若金、迸焦酥脆，肉則肥羜味美、燔炙增香，蘸著海鮮醬吃，跟掛爐烤鴨一比，又別是一番滋味。

臺灣有幾家廣東餐館，烤的乳豬大致還算差強人意，不過家家都沒有準備海鮮醬，用辣豆瓣蘸著吃，似乎味道就差了。廣東的潮州、汕頭一帶也講究吃乳豬，他們是把宰好的小豬先在鹽水中浸過，風乾後再烤，所以肉裡略帶鹹味，豬身上塗油而不抹醬，吃到嘴裡跟廣州烤乳豬味道又略有不同。泰國曼谷幾家大餐館賣的明爐乳豬，都用的是潮州烤乳豬方法，您若是到曼谷去旅遊，不妨嘗試比較一下。

油淋乳鴿

現在臺灣的飯館，不論寧浙，還是川揚，都有油淋乳鴿應市，其實這是廣東一道名菜，最初是廣州太平沙太平館研究出來的。他們把肉鴿買回來，用少許酒糟加蛋黃、綠豆拌在飼料裡餵鴿子，等摸到鴿子胸脯三叉骨軟硬適度，鴿子差不多就有十兩多重，可以宰殺了。

收拾乾淨後的鴿子像掛爐烤鴨一樣，掛在陰涼地方讓小風吹乾，使內外水分完全消失，用滷汁、芫荽汁調和在一起，在鴿子身上抹勻。據說鴿子入味不入味，全看師傅作料配得如何、塗抹得是否恰到好處了。做油淋乳鴿要有一隻特製的紫銅罩子，把鴿子放在罩子裡面，左手提樑就鍋，右手用勺子舀了滾油，往鴿子身上反覆淋澆，端上桌來皮酥肉嫩，絕無骨肉相連，撕不開、咬不斷跟牙齒為難的尷尬情形。

梁均默先生說：「譚組庵先生生前跟我說過，他對廣州留戀的，第一就是太平館的油淋乳鴿，他一個人曾吃過八隻。」組庵先生食量本宏，所說當屬實情。現在臺灣的寧紹館把油淋改為水煮，比油淋易撕好嚼多了。

神仙粥

廣東人到了夏天最喜歡以荷葉入饌或做點心，用瓦製的牛頭煲來煮，煮的時候用井水、大火一煮幾小時，米粒接近溶化程度，他們叫「明火白粥」。在水將要開鍋前放下腐皮、白果，等粥熬好，將鍋蓋掀開，把洗淨鮮荷葉代替鍋蓋蓋嚴，扣上十分鐘，則白粥變成淺綠色，碧玉溶漿，荷香四溢。

先曾祖樂初公在廣州將軍任內，暑天時常以此待客，梁星海（鼎芬）、文芸閣（廷式）給這個粥取名「神仙粥」。

文三體胖畏熱，後來入京會試，寄寓舍間，時常讓廚房給他做神仙粥，從上午晾涼放入冰箱，到了下午拿出來當下午茶吃，一吃兩大碗。

當時清流派的盛伯羲、黃漱蘭、李芍農、寶竹坡（寶式）、張子青、李越縵，都是來吃粥的常客。寶竹坡最喜歡說笑話，他說：「無怪人家稱我們是清流派，大約是這種不食人間煙火的神仙粥喝得太多了吧？」

後來北平擅寫掌故小說的陳慎言還把大家吃神仙粥的故事寫入他的說部裡呢！

新竹貢丸

前年春天，我到泰國的曼谷去遊覽，當地粵籍殷商周飛來先生在水門區曼谷巴沙商場經營明園酒家，把香港大酒店的大嘴陳偉請來主廚，知道我對廣東菜多少有點研究，所以一再請我去試菜。他做了豆豉蒸石斑、鐵板牛排、金華玉樹雞，最後一道是竹蓀貢丸湯。大嘴陳偉特別介紹了他親自動手做的竹蓀貢丸湯。

他說：「雖然竹蓀出在四川，可是竹蓀入菜以北平山東館用得最多。貢丸是臺灣新竹的特產，魯公北平人，又來自臺灣，所以特意做這道湯菜請品嘗。」自從在曼谷吃過貢丸，回到臺灣，有事去新竹公幹，跟人一打聽，敢情新竹賣貢丸的都在城隍廟一帶，一共有十多家，彼此爭誇自己是老牌真正貢丸。這跟北平王麻子賣的刀剪一樣，年深日久，所做貢丸大致相同，也分不出誰是最原始那家了。

有一位老公公說：「新竹貢丸純粹是精肉製成的，因為競爭激烈，誰也不敢偷工減料。傳說當年嘉慶君遊臺灣，在新竹吃過這種美味，後來成了臺灣的貢品，所以叫它貢丸。」

這種齊東野語，是真是假咱不去研究，不過天氣漸涼，無論吃涮鍋子或是打邊爐，放幾粒貢丸同煮，爽脆適口，那倒是一點也不假的。

四臣湯

臺灣無論城市鄉鎮，凡是廟會、夜市吃食攤匯集的地方都有四臣湯賣，不過民間以訛傳訛，把四臣誤為四神，集非成是，大家也就不去理會了。中藥中所謂「四臣」是淮山、芡實、蓮子、茯苓，用豬肚、小腸文火來燉，常吃確實有健脾養胃的功效。

嘉義早先中央市場有一家中藥鋪益元堂，門前設攤專賣四臣湯，因為老闆開中藥鋪，四臣湯是遵古炮製，現在仍叫本名四臣湯的，恐怕只有益元堂一家啦。根據嘉義報業先進林抱說：「益元堂老闆原本是船員出身，因為整年在海上作業，餐風露雨，飲食不調，得了脾虛胃弱的病，終日飲食不進，病況垂危。有人傳他一個偏方，每天早晚飯後喝一碗四臣湯，而且要連渣子一併吃下，過了一個多月，居然胃口大開，漸漸恢復健壯。他知道過分勞苦的人得這種病的比比皆是，於是從此發心，濟世救人，開益元堂中藥鋪，門前擺了一個專賣四臣湯的攤子，貨真價實不說，服務還特別周到，以示仰答天庥。」

筆者離開嘉義十多年，不管在什麼地方聽到賣四神湯的，就不期而然想到益元堂的老闆了。據嘉義友人跟我說，凡是好心人必有好報。益元堂老闆的大兒子在巴西打漁發財，於是把老太爺接到聖保羅享福去了，他把益元堂的鋪底生財藥材以極低廉價格盤給別人，朋友們都說他太傻啦！他說我是去養老，又不是去做生意，多帶錢出國沒有必要。他到巴西還沒一個月，中央市場一把火把市場整個燒光，大家都說益元堂老闆躲過這場災難，就是好心的回饋。

現在到嘉義想吃四臣湯已成陳跡，聽說有個益元堂夥計在龍山寺對面設了一個攤子，寫著賣的是四臣湯。不過我來臺北之後，雜碎紛呈，還沒機會去訪問一番呢！

度小月擔仔麵

抗戰時期，凡是在四川住過的人都知道紅油抄手、擔擔麵。初到臺灣，夜闌人靜想吃點宵夜，就有吆喝賣擔仔麵的了。臺灣的擔仔麵大街上吃食攤到處有售，但如果講情調、品滋味，那要算臺南的「度小月」獨擅勝場了。

開在臺南中正路上的度小月，是數代相傳的老字號。大家都奇怪，賣擔仔麵為什麼起一個令人猜不透古古怪怪的名稱呢？敢情「度小月」三個字是其來有自的。據說在前清，從臺南一直到高雄、屏東，居民以出海捕魚為生的居多，遇到颱風季節，或大或小的颱風接踵而來，不管颱風登陸不登陸，海上的風浪洶湧滂湃。早年舴艋舢艫全憑人力操縱，風濤險惡，誰也不敢冒險出海，只好把船開進港灣避風。有時颱風接二連三的襲來，經月不能出海，只好暫時擺個麵攤，賣擔仔麵以為生計。出海捕魚是正當行業，如果漁獲量多，可以賺大錢，說不定一夜之間變成巨富，算是大月；至於賣擔仔麵是臨時性質，勉維溫飽，算是小月，所以麵攤子就給它取名「度小月」。

度小月的擔仔麵所以馳名中外，主要是它肉燥合於大眾口味，擔仔麵裡放少許肉燥就能味鮮香永（**去年在舊金山、洛杉磯各大超級市場都有度小月的肉燥出售，美國人買回去夾麵包，華僑買回去下麵**）。

據說他家肉燥有一種秘方，必須是用砂鼓子銀炭文火慢慢燉出來的，裡邊除了放有不知名的海味外，煮肉燥的湯是魚骨、蝦殼熬出來的。肉燥做好，先要裝罎固封，放在陰涼處所一段時間才能開罎食用。所以度小月的肉燥漿凝瓊液、香霧襲人，而且入口即溶，凡是到臺南總要去度小月，領略一下古都小吃風味。筆者于役嘉南的時節，數度在度小月碰見當時任縣長的林金生先生。他輕車簡從，坐在矮凳上，就著麵挑子，大啖特啖，一吃就是十碗八碗，雖然碗小如盅，卻也可觀。現在許久沒去臺南，看到圓疊形的低燈籠就想起度小月的特別標誌了。

棺材板

在臺灣談小吃，臺南小吃算是最負盛名的了。一般人喜歡把電影裡拍攝的「撒卡利巴」作為古都夜市小吃的代表，據老一輩的台南人回憶：「撒卡利巴的興起是隨著花街柳巷而來的。在四五十年前，台南市最熱鬧地方是現在西門圓環一帶，那兒有金碧輝煌的戲院、花光酒氣的酒家。附近永樂路普濟殿一帶便是臺南最熱鬧的花街，華燈初上的時候，看相、算命、賣野藥、變戲法的，賣各式各樣的小吃的，三教九流、形形色色的人全都擁到小公園，安樁立櫃，撂地擺攤，吆喝叫賣起來。這裡一天比一天熱鬧，漸漸成了夜市中心，不但把臺灣小吃集其大成，甚至其中有幾種小吃是別處做不出來的，就是東施學樣也沒法跟人家比。因為他們烹調手段的高明，加上南來北往過客相互傳說，撒卡利巴幾乎變成了臺南小吃的代名詞。」

筆者一到臺南就去夜市巡禮，果然人煙稠密，名不虛傳。小吃中有一種叫「棺材板」的，這個名詞聽來覺得十分刺耳，什麼名字不好起，為什麼起這麼一個不祥的名字呢？為了好奇心驅使，所以要開開洋葷。所謂棺材板，敢情就是把條麵包掏空，裡面塞上各種製餡兒，當然有魚有肉，或葷或素，把餡子填好，放入滾油裡炸透，再蓋上一塊炸麵包，形狀有點像棺材，所以叫它棺材板。夜市有四十家賣棺材板的，至於口味如何，那就要看誰家手藝高明了。

有一位亞洲航空公司陳姓的朋友，告訴我一段有關棺材板的逸事。他們亞航有位美籍工程師史密斯，是夜市小吃攤的常客。他發現有一個賣棺材板的攤子，當爐的少女長得秀麗爽朗，她做的棺材板是咖哩牛肉餡，炸得酥而不膩，頗合那位洋朋友的胃口，於是天天成了座上客，也問出了小姑娘叫蔡阿綢。洋朋友有一年吃了一百七十多次的紀錄，追了一年多，有情人終成眷屬。

外路客到臺南，愛吃的朋友都嘗嘗棺材板，家數雖多，烹調技術可大有差別呢！聽說前幾天臺南市一把大火，撒卡利巴也遭波及，要想恢復舊有的小吃盛況，恐怕一時還沒那麼容易呢！

碰舍龜

談了幾週小吃都是鹹的，今天就談談一種甜點吧。這種甜點叫碰舍龜，最早是新營一家蒸食店發明的。據說這家蒸食店老闆姓邱，在一家日本點心店當過學徒，學會了做羊羹的手藝。他覺得照這樣寄人籬下難有出頭之日，而且給日本人做日式點心，心裡覺得彆彆扭扭的。他是臺南人，滿師後辭工回到臺南，開了一家點心店。他把日式羊羹中國化，用甘納豆做餡捏成邊鼓鼓的米龜，可是不染洋紅，完全本色，以示與祭神紅龜有別。

據說那個叫碰舍的姓詹，先世從福建移民來臺，在臺南買了大片土地開墾養魚，因為他勞心勞力，漸漸成了臺南巨富，在總趕街蓋了一所迴環九闔的宅院。誰知傳到寶貝後人詹碰舍手裡，他不但好賭成性，而且染上了抽鴉片煙的嗜好。沒有幾年，巨萬的家財都被他敗光。幸虧他在家道中落前喜歡吃甜食，時常把邱老闆叫回家來，給他蒸米龜吃。現在他窮無所依，只好捲起袖子做米龜來賣。

他知道抽鴉片煙的人都是夜遊神，越到深夜越有精神，而且喜歡吃甜的茶食，所以每天敲過二更，他才挑著擔子下街叫賣。誰知生意越做越興旺，每天蒸個三五籠都不夠賣的，於是租了一家鋪面房，整天蒸米龜來賣。過了不幾年，他不但把敗光的家產又重新買了回來，而且到現在，愛吃甜食的人仍然認為，臺南的碰舍龜是無上的珍品呢！

米糕、滷蛋、虱目魚皮湯

臺南民族路華燈初上，整條大街上鱗次櫛比的擺滿了各式各樣的吃食攤子，食客摩肩擦背，比撒卡利巴夜市還要熱鬧。可是如果白天想吃點小吃，家家鍋清灶冷，什麼吃食也沒有。老於此道的吃客，從民族路拐進米街，另外有一個白晝飲食中心「石舂臼」。為什麼要起這個奇怪的名稱，筆者曾經請教過幾位老臺南，大概年深日久，誰也說不出所以然來。據我猜想，這個怪名稱當初必有所本。這裡賣吃食，以白晝為主，燈火一明，有生意也讓給別人去做啦。

已故臺北市市長游彌堅最愛小吃，他說「石舂臼」有一家賣米糕的，用的肉燥是臺灣所謂狗母鍋（砂鍋），另有干貝、海蝦在內，所以味道特別鮮美。老闆姓文，大家叫他「米糕文」，因為他個子很矮，又叫「矮仔文」。他也賣五香滷蛋，蛋在滷鍋裡翻滾，蛋白越煮越嫩越有味，跟市面一般賣的滋味完全不同，拿來跟米糕一塊兒吃，味道更是沉郁香腴。緊挨著米糕文的攤子，有個賣虱目魚皮湯的，做法是把虱目魚皮剝下來，抹上特製的虱目魚漿，放在排骨湯裡煮熟，跟米糕、滷蛋一塊兒吃，游氏認為是天下絕味。當年他跟幾位同學在復旦大學讀書，遠離鄉土難免想家，大家談起臺南米糕、滷蛋配虱目魚皮湯的滋味，有位同學居然想得哭起來了，可想而知，這三種小吃是多麼誘人啦。

吉仔肉粽

北平人重土難遷，真有一輩子沒出過城圈的人。談到飲食，有一種定而不可移的標準，就拿粽子來說吧，永遠是白江米蘸白糖或糖稀，要不就是江米小棗。如果您剝一隻火腿粽子嘗嘗，他認為粽子只能吃甜的，吃鹹粽子簡直不可思議。

粽子原本是古人祭屈原用的，最早的粽子用竹筒裝米，後來改用蘆葦包成六角形，所以叫角黍。到了唐、宋踵事增華，有菱粽、錘粽、錐粽、百索粽、益智粽、九子粽。現在，這些粽子的裹法大部分已失傳，只有三角形、包袱形、駝形三數種而已。

舍間雖然久居北平，可是吃起粽子卻是北平式、廣東式、湖州式甜鹹皆備，式樣齊全。初到臺灣，有些朋友知我口味很雜，不是僅吃江米小棗粽子的，所以介紹我嘗一嘗臺南吉仔肉粽，還特地從臺南帶到臺北來。

吉仔的肉粽，近乎廣東肇慶的裹蒸粽，好在不惜工本，花樣繁多，百味雜陳，材料紮實，寧可提高售價，但是貨色不肯抽條。它還有一個特點，煮好之後，焐得透而不糜，隻隻入味，冷吃熱吃均可。跟我們在大陸吃慣的湖州粽子，講究鬆而且爛，正好相反。不過湖州粽子要煮熱了吃，是跟吉仔肉粽最大不同之點。

早年吉仔一隻肉粽，就要賣四十元了，現在臺北九如蔡萬興的肉粽都要賣到二三十元一隻。吉仔肉粽大而充實，現在賣什麼價錢已不清楚，不過這是臺灣小吃中的雋品，就是再貴，買一隻來嘗嘗，跟廣東、湖州粽子來比較也還是值得的。

美濃豬腳味醇質爛

臺灣習俗除災求福，祈報平安，甚至喜誕壽慶都少不了用豬腳來祈福，所以對於豬腳烹醢之道是精益求精的。高雄的美濃鎮是民情純樸客家人聚居的大本營，當地農家十之八九都以種植菸葉作為副業，自春徂夏，收購菸葉期間，我差不多天天都到美濃鎮各買菸場看看，午餐就在鎮上小飯館隨便果腹。

靠近買菸場有一家小飯鋪，有人告訴我說，他家用從中正湖打上來的鮮魚做的米素湯很有名，少不得前往光顧一番。誰知當爐白髮蒼蒼的老闆娘正是早間到買菸場繳納菸葉的一位農戶，跑堂的後生，人家叫他乃滋蜜（日語「老鼠」的意思），因為小時候，用提盒往外送菜，時常偷嘴，所以大家都叫他乃滋蜜。我一入座，他就過來殷勤招呼，他說：「我家鮮魚米素湯出名，紅燜豬腳更是又香又爛。」米素湯的魚現網現宰，自然魚鮮湯濃，一碗豬腳端上來紅暾暾、油汪汪、香噴噴，全是腳爪尖，妙在味醇質爛，腴滑不膩。吃豬最怕細毛扦不乾淨。早年我吃德國飯店鹽水豬腳，能夠放心大嚼，就是因為收拾得乾淨才無冗毛。想不到在窮鄉僻壤，居然有皮光肉滑的豬腳，而且是紅燜的，比德國佬所做的鹽水豬腳又適口充腸多了。

民國六十一年，財政廳有一位李視察，自稱在大陸時是有名的豬腳大王，我特地請他到美濃吃豬腳，他一口氣吃下十二大塊豬腳，乃滋蜜說：「以往來吃豬腳的最高紀錄是十塊，這位先生可算最高紀錄了。」他吃完豬腳還外加一碗魚湯、兩碗飯，後來他回到中興新村跟人表示，到美濃吃豬腳是人生一大樂事，令他畢生難忘，可見美濃豬腳的誘惑力是多麼大了。

我已十年未去美濃，乃滋蜜想來早已兒女成行，這家小飯店想必日升月恆擴充為大飯店了。有人說，在南部不是萬巒豬腳最有名嗎？我說：「美濃豬腳妙在皮光肉爛，萬巒豬腳好在香不膩人。象有千味，味各不同，不能相提並論的。」

萬巒豬腳

我在二十多年前第一次去屏東，車過屏東大橋，在橋頭上發現有一個豬隻檢查站。據說當時屏東縣政府對於豬隻品種、檢疫都非常重視，而且管制嚴格。當時屏東縣長是林石城先生，他對於豬隻育種繁殖特別有興趣，還特地陪我們到豬隻繁殖場去參觀。我想高屏地區美濃、萬巒豬腳能夠馳名全省，和這些都有微妙關係的。

前幾天曾經在報上談過美濃豬腳，有人問我，你覺得萬巒豬腳滋味如何呢？其實雁齒鑒舌，一脆一爛，風味各有不同，難分軒輊。我在屏東時常往鄉下跑，所以與萬巒賣豬腳的老闆林海鴻也漸漸熟識。他在日據時代就在萬巒市場邊擺了個麵攤賣蚵仔米線，臺灣光復，兒女日漸長大，雖然終日孳孳，也只能勉維溫飽，思來想去，終非長久之計，但也想不出什麼其他生財之道。有一天，有位顧客來吃麵，看他長吁短嘆，問起原由，頗為同情他的遭遇，就跟他說：「高屏地區豬隻品種不錯，肥少瘦多，我給你一個去油秘方，滷出來的豬腳，入口香脆而不油膩，你如法炮製，必定能夠大發利市。不過有個原則，你必須用豬的前腿。」林海鴻正無計可施，於是聽了那位顧客的話，麵攤子附帶賣起紅燒豬腳來。他的豬腳不但割烹方法與眾不同，就是蘸豬腳吃的蒜蓉醬油，眾香發越，更是開胃爽口。他的名氣越來越大，吃豬腳的人越來越多，一天總要賣幾十隻豬腳。不久，因為生意太好，實在忙不過來，於是不賣麵線，專賣紅燒豬腳。後來各地到高屏遊覽的觀光客，都到萬巒嘗嘗美味豬腳，每逢春秋佳日，車水馬龍，擁擠不堪。外來觀光客，大家都講究氣派的，坐在攤子旁邊啃豬腳實在不太雅觀，於是他在萬巒市場旁邊開了一家海鴻飯店，生意越加興隆，可惜因高血壓症，林海鴻不幸去世。子承父業，就由長子展芳、女兒六金繼續經營。他們生意越做越大，所雇專門清洗除毛的女工就有十多位。生意好的時候，一天能賣一千斤出頭，分別早（九點）、中（十二點）、晚（六點）出鍋，熱鏊騰芳，聞香入座的大有人在。

林展芳說：「我家所製豬腳始終維持原則，一直採用豬的前肢，肉價好的時候，因為需要數量太大，必須向其他縣市肉販子收購，才能應付無缺。臺灣做生意有一窩蜂習慣，有人看我家生意太多了，就在萬巒又出現兩家新開的萬巒豬腳搶生意。好在我們在萬巒是三十多年的老店，外來客有嚮導指引，當地老顧客誰新誰舊，分辨得很清楚，對生意毫無影響。後來我們在屏東富山戲院旁開了一家分店，想不到在青島街又出現一家萬巒豬腳店，屏東吃客自然真假莫辨，對於我們生意不無影響。後來涉訟經年，法院認為萬巒是地名，豬腳是普通名詞，我們這塊招牌又沒有申請專利，誰要叫萬巒豬腳就由他叫吧！」現在林氏家族又在臺北開了一家分店，是真是假，老吃客一蘸他家作料就能分出來了。

易牙難傳的蜂巢蝦

我的一位法國朋友名攝影家高理德，一位日本朋友狩獵家松崎達二郎，兩人足跡遍布世界五大洲，都自命為會吃、愛吃的國際美食專家。他們兩位異口同聲的說：「現在跟大陸民國三十四年以前比，花錢受罪還吃不到好東西，近兩年臺灣各大飯館子，南北混淆，菜式不分，想吃道地某一省菜，已經不太容易了。」

他們兩位話雖不錯，但是會吃的人，照樣能吃到各省的純粹口味，而且物美價廉，可惜您只能小吃，如果您想碗盞篚簋羅列滿前，恐怕花了大把錢還吃不到好東西呢！大陸口味的餐點，我們暫且不談，現在我把近兩年吃過且認為還不錯的臺灣小吃寫幾樣出來，或者還可能給各位做一個吃的嚮導吧！

屏東東港有一家興亞飯店，因為港口沒有大型輪船進出，海水污染程度不深，每天漁獲所得隨撈隨吃，自然新鮮肥美。興亞有一道蜂巢蝦，似乎別家海鮮店還不會做呢！據興亞的頭廚說：「蜂巢蝦是跟澎湖一位大師傅學的，蝦要新鮮，抽腸剝殼要乾淨俐落，用料方面不能太鹹，要帶有一絲絲甜意，滾油旺火，拿來下酒，比鹽酥蝦高明多啦。」兩位國際友人看見蜂巢蝦一上桌，黃裳裹玉，蓊葧蓬鬆，宜粥宜酒，人吃了之後讚不絕口，此後他們每到東港必定到興亞飽啖一次蜂巢蝦。我在屏東曾經請林邊的海鮮店試做，色、香、味、形都趕不上興亞這道招牌菜。割烹之妙，易牙難傳，這句話是一點都不假的。

曲塵縈繞山河肉

歲次閼逢困敦，又是甲子年首鼠當令了。依據臺北市環境保護局統計，一對老鼠，累代繁殖，一年後可繁殖到九千四百三十四隻，現在臺北市的老鼠近千萬隻，大家若不通力合作，密集撲殺，則損害農作物，消耗糧食，污染衣物，影響大家衛生，簡直太可怕了。

據傳說，明朝中葉，廣州市上有一個怪乞丐，不但能吃玻璃五金，而且能生吞五毒蛇鼠一類小動物。有一天，從外國商船上跑下來幾隻小白鼠，他吃了兩隻，覺得遠方珍味，遠勝魚髓蟹脂，於是選了一對餵養起來。廣州酒家最喜歡炫奇創新，於是酒宴上就有蜜鼠入饌了。

筆者最初只聽說廣州上等酒筵有蜜鼠饗客之說，但始終未親眼目睹。有一年，先母舅知好，董聲甫仲鼎昆季在上海北四川路開了一家秀色酒家，不但飣盤棵盒絢豔悅目，就是桌椅屏風也是螺鈿酸枝、堆金砌玉的富麗。董氏昆仲知道我們甥舅對於飲饌都稍有研究，在開張之前特地準備了一桌盛筵，先試試廚中手藝。這一席石髓玉乳，珌果璇蔬，真稱得上有美皆備了。菜單上有一道蜜漬乳實，我早就聽說廣東四大酒家的大三元，有道名菜叫「蜜汁老鼠」，想不到他們所謂「乳實」就是此物。等這道菜上來，原來是一隻金縷雕花的腰圓盤子，上頭還有一隻鏨花飛簷的銀罩，掀開盒蓋正中，是玫瑰紫跟乳黃醬色調味料擠出來的兩朵玫瑰花，圍著一圈頭裡尾外還沒長毛的玫瑰色小乳鼠。主人拎起鼠尾讓客，我一看這種場面，渾身起雞皮疙瘩，連看都不願看，趕緊起身避席而出，等這道菜搬走，我才回席。事後家母舅說，他老人家在廣州或港九住了多年，吃過若干次珍異遠味，這種吃老鼠的場合還是第一遭呢！那一盤蜜鼠約有二十隻，同席的人也只有三四位敢吃。同席有位海南人席仲峰獨啖四五隻，還吃得津津有味，我總算大開眼界啦！

我來臺灣，在高屏地區一住就是二十多年，工作範圍在高雄縣旗山、美濃、廣興、六龜一帶，縣裡的窮鄉僻壤，差不多沒有我沒去過的地方。有一次，我陪中興新村的朋友到高雄、屏東兩縣考察菸農種菸葉摘心的情形，我們在龍山、廣興、福安幾個大菸區看了一遭，就在旗山三桃山一個茶館品茗休息。朋友忽然問我，想買幾斤老鼠肉做的香腸回去？這一下可真把我考住了。我在高屏地區鄉間來來去去，雖然不時聽到旗山、美濃有賣老鼠肉的，可是沒親眼見過，同時有鑑於在秀色酒家目睹吃蜜老鼠的慘劇，一直蘊藏於心，沒有跟人打聽過，對於中興新村來的海南朋友，只好交個白卷。

後來我到高樹鄉公幹，當時鄉長是高樹巨紳楊讓麟先生，碰巧那天是冬至，楊鄉長說：「臺灣立冬、冬至，照習俗都要進補，不過立冬氣候初透嫩涼，火底子人進補嫌太熱，一交冬至，就不論火底子、寒底子都應當進點補品了。我知道您飲食非常講究，今天我們到美濃去吃一回山河肉進補如何？」他說的山河肉，我以為是果子狸（**俗稱白鼻心**）或是羌子、山豬一類山產，也沒再問。車子開到黃蝶翠谷停下，附近有好幾家山產店，出出進進的客人倒也不少，其中雙溪路有一朱家老店，灶上掌勺的朱榮貴是他們高樹老鄉，手藝不錯，所以就在他家進餐。

楊鄉長先要了一盤仔薑炒山河肉，加上豆豉、蒜頭、辣椒、九層塔大火爆炒下酒。

這個炒山河肉，吃到嘴裡肉嫩且活，比山珍裡的竹雞、野兔還柔嫩腴美，頃刻而盡。於是再來一盤加沙茶清炒，我們二人都能飲上兩杯，和以椒芷，沃以陳醪，又是吃得盤底見青天。我問楊鄉長吃了半天，非雞非兔，究竟是什麼獸肉如此鮮嫩？他始終笑而不答，等到酒足飯飽，老朱過來寒暄敬煙，他直言無隱的說：「山河肉就是老鼠肉，叫起來比較雅馴一點。臺灣老鼠品類複雜，有十七八種之多，除了『鬼鼠』、『鐵爪野鼠』有股氣味不能吃外，其他鼠類均能入饌。何種老鼠他們一望即知，第一盤是用黃蝶翠谷山鼠炒的，第二盤是六龜鄉山坡地甘蔗田的山鼠。前者吃地瓜番薯長大，後者是吃青皮甘蔗養肥。會吃的朋友都指明要吃六龜的山鼠呢！」

我知道剛才所吃的是老鼠肉後，心裡似乎有點兒翻翻的，幸虧我帶有白豆蔻，趕忙嚼了兩粒才把噁心止住，恢復正常。

朱榮貴是楊鄉長總角之交，人又風趣健談，於是請教他怎麼會想到捉山鼠入饌的。據他說，客家人士吃山鼠的歷史由來久矣。遠在康熙中葉，客家人渡海來臺，比較好的靠海平原，土壤肥沃地帶，早讓漳泉來人捷足先得。客家籍人士為了維持生計，只好人棄我取，在貧瘠土壤或是山坡丘陵地帶開荒種植。一些岡陵地帶山峭坡斜，風狂雨驟，水土無法保持，沒法種水稻，只好種些粗放的番薯、山芋來果腹。偏偏這些都是鼠類最美的糧食，丘陵的土窟、山岬都是鼠類的巢穴，家門口有了可口的食糧，自然扶老攜幼出來大打牙祭，連啃帶作踐，結果隻隻老鼠吃得又肥又胖。可是農民胼手胝足辛苦種的糧食，幾乎被老鼠啃得精光。

粵東原有小寒、大寒消滅鼠患過年的習俗，大家在切齒痛恨之餘，於是大舉清田，打算犁庭掃穴，把鼠類徹底清除。粵東有些鄉區本有吃鼠習慣，這些田鼠又都隻隻肥壯，於是以田鼠入饌成為冬季肉類主要來源，吃不了的鼠肉拿來灌製香腸，風味尤佳。

原本是冬季清田，捕殺山鼠滋養進補是有季節性的。後來，有些老饕們遠從臺中、臺南專程枉駕一嘗異味，那就不論節令四季常新了。

不但中國人吃鼠肉，就是外國也有吃鼠肉的。旅居在馬爾他的一位趙蔭倜學友，他的父親在瓦勒他經營珠寶生意，因為他本人學農，就在瓦勒他市郊經營一個農場，種的一些雜糧豆類，都是老鼠口中美食，附近又沒有足供鼠類果腹的吃食，他每年辛勤收穫，半數都飽了鼠吻。他一氣之下大舉捕殺，鼠屍遍野。他雇有一土著長工，偶然把老鼠用火烤來下酒，肉香四溢。他覺得鼠肉可以利用，於是用鼠肉灌製臘腸，居然大受歡迎，從此做起鼠肉大香腸生意來。他做的腸子，每段八寸長，圓徑二寸半，跟德國燻腸大小彷彿，因為晒得乾，可以經久不壞。現在當地肉類是禁止出口的，將來開禁，愛吃山河肉的朋友，可以比較一下是國產好還是外國貨棒呢！

臺東名產旭蟹

若干年前我去花蓮、臺東考察菸農種菸情形，臺東有一位菸農蘇進德跟我訴苦，他說：「我每年種菸特別勤力，可是每年賣完菸，算下大帳來，雖然沒有賠本，可是也沒有賺到錢。」他要我替他研究是什麼道理。我一看他的三甲多田，靠海太近，土質鹹性又重，海風直透防風林，根本不宜種菸，所以我勸他改行。他有一位堂房兄弟蘇文良在海上捕魚為業，不是勸他捕魚，就是勸他改漁業行經紀人。誰知他聽了我的話毅然改行，在臺東沿海富岡、白守蓮一帶打起魚來。因他是海洋水產學校漁撈科出身，懂得新式技術，把作業地區擴大到花蓮、蘇澳，正趕上旭蟹盛產時期。這種蟹閩南話叫「倒退後」，因為它形狀像一隻大臭蟲，所以有些人叫它「海臭蟲」。據說海臭蟲跟龍蝦同類，全世界只挪威跟澎湖、臺東、花蓮有出產，可以說是既名貴更稀有的海產，可惜一般漁民不了解它的生活狀態，無法大量撈捕。

後來蘇進德跟水產試驗所細心研究出撈捕新方法，而且可以進行人工繁殖。海臭蟲膏腴肉甜，如果拿它當螃蟹蒸來吃，一隻海臭蟲剔出來的油膏蝦肉，就有三四隻大閘蟹那麼多，吃起來真過癮。

有一次蘇進德一網罟了二三十隻，他知道我喜歡吃螃蟹，就送我六隻海臭蟲，剝出來足足有四大碗，我加上點醋、薑米，平鋪搪瓷盆裡，上面撒上厚厚的一層起士粉，等到肉熟粉凝，取出來下酒，真是美肴。我吃海臭蟲時，正趕上名律師張福康先生過訪，他平日最想念的是陽澄湖的紫螯金毛大閘蟹。吃過之後，他責怪我這麼好的美肴，自己吃獨食，為什麼不約他共享。

如今臺灣的海臭蟲滋味、鮮味都類似大閘蟹，實在是大家的口福，不過希望漁撈方面千萬不要貪圖近利竭澤而漁。否則像碧潭香魚，釣客一味盲目捕捉，現在想吃，已經戛乎其難了。現在張大律師已歸道山，我每次吃海臭蟲總要奠上一杯酒，希望他來共享。

咸豐御廚

依據前清內務府御膳房銜名錄記載，康乾全盛時代御膳房司役人等多達三百餘人。到了道光繼承大統，目極盛世華靡，力主崇儉務實，尤其嗇於自奉，把御膳房執司白案子、紅案子、頭廚、二廚、下手、雜役減到不足百人。到了咸豐秉政，雖然略有增益，但是跟康乾盛世來比，仍然相差懸殊。根據最近香港電訊，清朝咸豐皇帝御廚梁忠的親傳弟子唐克明，最近在瀋陽為各地傳授宮廷菜烹製技術。

北平《中國新聞社》說：「來自上海、天津、廣東、江蘇、河北、河南、陝西、吉林等十三省市的三十五位名廚，有系統的學習一年『宮廷典故菜』、『宮廷風味菜』、『滿漢全席』、『宮廷便席』等菜肴的烹製技藝，學做的宮廷菜有『玉桃扒猴首』、『掌上明珠』、『紅娘自配』、『宮門獻魚』、『雪月桃花』、『百鳥朝鳳』等菜名。」照以上電訊所載，唐克明是咸豐御廚梁忠「親」傳弟子，咸豐在位十一年，同治十三年，光緒三十四年，宣統三年，加上中華民國七十二年，以年份來說，距今是一百三十多年，御廚梁忠的年齡，我們姑且不談，就是他親手調教出來的徒弟，計齡也應當是百齡開外，以耄耋老人還能翻勺弄鑊做若干不同宴席來大量授徒？

前兩年香港大飯店的一桌滿漢全席，宴的名稱有玉堂宴、龍門宴、金花宴、鹿鳴宴等，全是科考傳捷的吉祥話。至於菜譜所列菜名，既像念喜歌，又像祝壽詞。這些噱頭，可以說都是廣東大酒樓炫奇示異的伎倆，拿來用在滿漢全席的宴名菜式上，已經令人齒冷，現在宮廷菜居然有玉桃扒猴首、紅娘自配種種粗俗菜名，豈不更令人笑掉大牙？

當年在御膳房當過差的老年人說過，御膳房進呈御覽的膳食單子上所列菜式，雞鴨魚肉要寫得清清楚楚、一目了然，如果用些光怪陸離、令人莫測高深的名詞，讓皇帝猜啞謎，萬一其中再出點舛錯，御膳房首領有幾個腦袋呀？所以以上這則消息，充其量是招徠觀光客的一種手法而已。

常州大麻糕、豆炙餅

我一吃到常州大麻糕，就想起北平的吊爐燒餅來了，兩者都是香而不膩，夾肉食固佳，夾蔬菜更妙。常州各式麵點都細巧精緻，後來雖然烙成蟹殼黃大小式樣，其實最原始是半個鞋底大弖，笨裡笨氣，所以才叫大麻糕。常州大麻糕以惠民樓做的最負盛名，每天清晨、下午，人們總是圍著烘爐等新出爐的大麻糕當早點或下午茶吃。我每次到常州公幹，帶三五十隻回上海總是一搶而光。先慈最喜歡用雪裡紅炒黃豆芽夾大麻糕吃，認為是絕味，所以我每次去總要買些帶回上海。

豆炙餅是全國其他各地都沒有，而只為常州所獨有的一種點心，也有人叫它「豆渣餅」。它可不是普通豆腐渣做的，而是特地把白豇豆磨成粉烘製的。他們用白豇豆粉調製成比銀元大一點的餅，在鐵鐺子上抹點油慢慢烘烤，烤得外面焦黃，中心空凸。可是因為豆炙餅不雅馴，大家都叫它「金錢餅」。用小刀剖開，塞上碎肉、蝦仁，入油炸熟，稱為「金錢跑馬」，後來變成南大街會泉樓的名菜。

財次李調生先生生前如有熟朋友到常州作客，他會約你到城北大街父子牌樓孫老太婆開的孫家酒店，叫一客蛤蜊豆腐泡金錢餅吃，的確別有風味。

後來我回上海跟其弟飛生誇稱在他們家鄉嘗得異味，飛生還笑他老兄吃的門檻不精，如果到綠楊村飯店叫一個紅燒鴛鴦，留一半燴金錢餅，豇豆粉有吸濕作用，能把魚汁吸到餅內，那才夠味呢！後來幾次到常州都想去吃一次，可惜一直沒有空，未能一嘗異味。

胡玉美的辣豆瓣醬

民國初年，大江南北的飯館子除了淮揚館，要算徽州飯館最流行了。徽州館子不但大盤大碗，真材實料，而且廳堂布置排場也相當富麗堂皇。胡適之先生在世時，常說他家鄉績溪，水勢湍急，魚爭上游，所以魚類的鰭尾都非常壯碩。別的飯館只賣紅燒划水，他們績溪的飯館有清燉划水，那是別處吃不到的。所以我們一見面，他總是勸我到安徽去逛逛。

有一年我們鹽棧有一批大子鹽要運到西梁山去，而一些押運人員全都派遣在外，所以我就親自出馬，押著鹽船，溯江而上。船到安慶、蕪湖，都有少數鹽斤交割，船夥告訴我：安慶胡玉美釀造的豆瓣醬號稱天下第一，您不妨買幾罐帶回去送人，愛吃辣的人，無不視為珍味呢！於是我就買了四打準備送人。當天晚上他們的少東胡其桐特地登船造訪。他在美國是念食品加工的，回國之後辣豆瓣醬經他研究改良，不但在西湖博覽會得了大獎，每年銷售到歐美各國的數量也很可觀呢！

據這位少東說，這座店是同治年間，平定「洪楊之亂」後，他曾祖父開設的，目前醬園子裡已有上千隻醬缸輪流晒醬了。他們做辣豆瓣醬，一律選沒疤沒斑的蠶豆，首先將蠶豆晒得透乾，然後去皮磨碎，裹以麵粉蒸熟，讓它自然發酵，最後加入辣椒釀製而成。他們在包裝紙上印有當地迎江寺的浮圖，並繪有兩粒蠶豆，這就說明他們是用蠶豆釀造，跟黃豆釀造味道、鮮度有明顯不同。

還有他家蝦子豆腐乳也是啜粥雋品。臺灣雖然河蝦、海蝦的種類很多，可是晒出來的蝦子鮮度不足。胡玉美的蝦子腐乳，長不逾寸，撒滿柔紅蝦子，外面裹以葦葉，在色澤方面已屬上乘，吃到嘴裡更為珍潔鮮美。胡玉美在每年奉天蒜苗上市的時候，並有醬蒜苗應市，拿來蒸蛋，宜酒宜飯，在臺灣恐怕是吃不到的。

吃在熱河

一般吃客都認為熱河必定沒有什麼出色的菜肴，其實還真有幾道名菜是別處吃不到的呢！在臺北江浙館子裡吃一客紅燒甲魚，至少要四五百元，跟魚翅紫鮑價格不相上下；可是在熱河身價就差多了，只能小吃，不能上酒席，如果正式請客有甲魚，當地人認為是最瞧不起人的舉動。

熱河平泉的二鍋頭高粱酒在東北是數一數二的，據懂得品酒人說，它的香醇在牛莊高粱之上。二鍋頭窖藏三年以上，用二套車馱著運銷平津的藥鋪、酒莊去加工製造出售。馳名中外的天津五加皮，酒底子就是熱河的二鍋頭。這種未加工的二鍋頭如果三兩知己小酌，叫個糖醋甲魚，澆上蒜泥、薑末下酒，酸辣肥腴，異常可口。

熱河出產一種猴頭菌，比四川的馬蹄包皺紋多而整齊，拿來燉豬腦，起鍋時稍稍勾一點兒薄芡，濃漿香泛，裹著色白滑美的粒粒圓球，那也是別處吃不到的美看，可當地人並不覺如何名貴呢。

朝陽東門有一家飯館叫桂蘭齋，名字好像是一家餑餑鋪，其實是一家飯館，他家以糠燒雞馳名，所用都是純種土雞，放在自己菜園子裡飼養，整天追逐覓食，吃的全是活食，所以雞肉肥而且嫩。他們把雞剉好，收拾乾淨，肚裡塞滿各式各樣作料材料，外面保持原樣，不褪雞毛，用糠皮包起來放在灶火裡去烤，大約烤一小時，雞已爛熟。剝去焦糠雞毛，外焦裡嫩，跟無錫的叫化雞都是朧澆原味，當地人請客吃糠燒雞時，常客氣的說這是塵羹土飯，其實這種塵羹土飯，別處想吃還吃不到呢！

糟蛋和糟魚

端午節前夕，有一位廣東籍朋友邱百興，特地從屏東的新園鄉來臺北，送我一小罎糟蛋，他叫它「軟殼鴨蛋」。他說：「這種用糟浸的軟蛋，您一定沒吃過。」我打開罎子一看，就知道是浙江嘉興府屬平湖縣馳名中外的糟蛋。

邱君平素嗜酒，而且愛吃鴨蛋，他有一位做小五金的平湖朋友，看他在新園河川地養了不少白毛鴨子，每天可收穫不少新鮮鴨蛋，就教他製作糟蛋。平湖人十之八九都會做糟蛋，除了選蛋外，先用米醋把外殼泡軟，然後用老糟浸透，最好放在有釉的陶器裡，放在陰涼的地方。至於什麼時候開罎，那就看個人的手法了。

邱君所製糟蛋，香、味都合標準，只是顏色稍差。我告訴他，當年在大陸，每年秋天總是有高郵朋友送我高郵雙黃蛋，我自己不會用糟，就把雙黃蛋一律交給上海四馬路畫錦里紫陽觀老師傅做糟蛋，他們不收工本，十取其一，留給櫃上共享。

這種糟蛋，蛋黃殷紅發光，蛋白柔香噀人，實在是佐粥下酒的聖品。

糟魚一定要用青魚，活青魚用大子鹽搓遍魚內外，醃晒風乾後，用酒釀浸漬起來，等到纖維堅韌，肉現殷紅，在魚塊上堆置原製酒釀，加上薑、蔥、豬油丁，文火蒸熟，質腴飄香，襲人欲醉。當年袁豹岑住在上海時，他有一位姬人出身嘉興煙雨樓船孃，對於蒸糟魚，別具妙手，留客宵夜有時配冬菜，有時配扁尖火腿，花樣百出。每令人健飯加餐，必定食盡其器方能罷手。

炒桂花皮燴

炒桂花皮燴

前幾天看見報上刊載，有一家飯館有兩道菜叫山東炒牛燴、河南炒皮燴。魯豫兩省我跑過不少地方，也吃過不計其數的大小飯館，可是還沒有吃過山東炒牛燴、河南炒皮燴。早年北平報子街有一家山東飯莊子叫同和堂，茶房頭兒趙子和是北平勤行的首領，招呼客人那一套面面俱到，讓您聽著、瞧著都特別舒服，他招呼客人那一套是無可挑剔的。同和堂雖然是大飯莊子，您若是同幾位朋友去小吃，讓趙頭兒配幾個酒飯兩宜的菜，不但充腸適口，論價碼也比東興樓濟南春一類館子要少得多呢！

山東飯館汆、爆、燴、溜，凡是屬於講火候一類的菜都比較拿手，同和堂的燴菜尤為特出，燴鴨條、燴葛仙米、炒桂花皮燴算是他櫃上的招牌菜。燴鴨條必須選肥瘦均勻的填鴨，此地沒有標準填鴨，自然也就做不出標準鴨條來。筆者來臺灣三十多年，只有在佛光山下院一桌素筵上吃過葛仙米，有些飯館連葛仙米都沒聽說過，更談不上拿它來入饌了。

北方因為太監關係，忌諱「雞蛋」兩個字，所以炒菜加雞蛋叫「桂花」，蒸菜墊底叫「芙蓉」、「臥果」、「甩果」，凡是能避免用「雞蛋」二字的，都盡量避開不用。飯莊子每天從豬身上起下的豬肉皮，都用涼水泡起來，第二天擠蝦仁、拔豬毛都是小徒弟們上午日常工作。等毛根拔淨，沖洗之後，就用小線穿起來，掛在屋簷曝晒，大約頭年貨第二年才能乾透使用。使用時先用南酒加熱泡軟，再檢查一遍有無未拔淨冗毛，然後切成細絲，下鍋加油及蔥、薑炒熟。雞蛋打勻，混入火腿末，澆在皮炸上同炒。因為火腿本身已有鹹味，不必加鹽，自然金縷泛香，瑩如簷溜霤，拿來佐酒，比烤烏魚子、炸蝦片更高一籌。這個菜有四十年沒吃過了，此間自命正統北方菜的大飯館，您如果跟他們要一個桂花炒皮炸，十之八九堂口上的朋友，還會聽不出所以然呢！現在無論哪省飯館都有新菜式，可是老的菜式失傳的，也不在少數呢！

香留舌本白果羹

來到臺灣三十多年，從來未看見過白果樹（又名銀杏樹）。據嘉義農業試驗所一位徐技師跟我說，他曾經從大陸引進過幾株名種銀杏，長到三尺多高時，發現全是雄性，沒有一株是雌性的，全部不能結果，自然就放棄培植。此間每逢陰曆新年，迪化街永樂市場幾家大雜貨店偶或有白果賣。先慈生前最喜歡吃髮菜白果燴素什錦，所以我若見白果賣，總要買幾兩回來做素菜上供。

筆者幼年時節聽前輩稱，白果甘苦性澀，早年新娘子在婚禮之前，只要吃點白果，就可以在拜堂、坐帳這段時間不至於想起身小解。所以我小時候對於白果望之生畏，淺嘗輒止，從未大量吃過。

民國十八年，繆秋杰在上海召開全國鹽業會議。四岸鹽務公所主席潘頌平又是鎮江商會會長，會後他約我們七八位岸商代表，遊覽金焦名勝，最後在焦山定慧寺吃素齋。焦山到處都是大小廟宇，其中以定慧寺歷史最悠久，據說建於漢朝，歷代住持方丈都是年逾九十的長壽禪師。寺裡有一株四人合抱不過來的銀杏樹，計齡已接近千年，此樹所產白果，不去皮抽心亦不覺苦澀，吃久了能夠延年益壽。

清朝大儒梁鼎芬自從彈劾李鴻章，被慈禧斥為「少不更事，永不敘用」後，跑到焦山去講學，並自己刻了一方「年二十七罷官」閒章，印在自己詩文字畫上。他發現定慧寺的素菜清逸浥潤風味不同，加上寺內銀杏吃了能夠益智明目，於是所有詩壇舊侶、翰院同僚路過鎮江，他總要請到焦山詩酒盤桓幾天。先祖仲魯公在南京候補，跟梁髯公是光緒六年庚辰科同年，梁在翰林院供職時，經常住在舍下雙藤老屋。先祖既經常往來寧滬揚鎮，每逢遇上春秋佳日總要到焦山看望老友，有了唱和之作，就刻在山崖峭壁之上。當時伺應茶水的小沙彌叫「澄心」，參禪之餘，正潛心經史詞賦。潘頌平約我到焦山定慧寺吃素齋，澄心已由方丈退居。他看見名單有「唐魯孫」三字，特地出來跟我們一行攀談。他知道我是仲魯公文孫後，如晤故人，特別高興，吩咐把素筵改設芝隱詩齋。他說，小院幽靜，這是梁節厂先生當年與先祖昆季論詩所在。定慧寺素菜雖然早耳聞其名，但未嘗過，結果菜式不多，各具馨逸，跟北平三聖庵的素菜固然用料不同，跟常州天寧寺的蔬食口味亦異。山蔬園珍，味盡東南，最後一道尾食，是桂花蜜釀白果。當時寺內給一般遊客備齋，一半是山產銀杏，一半購自市廛，如果細細品嘗，一半剔心，一半有心。山上白果，貴在果心不澀不苦，而有一股子清郁之氣。雖然那棵古老銀杏年產千餘斤白果，如全應客需，每年實產，實感不敷，因此只好各半待客。我們那天所吃全是帶心白果，當然是澄心大師關照過的。這種白果吃後別的尚無顯著功效，同遊諸友凡是有起夜毛病者，都一覺酣然，天亮起身，睡了一個沉酣踏實的覺，那是一點也不假的。

從前北平西郊環谷園老醇王墳地享堂，也有一株數人合抱的白果樹，慈禧聽堪輿者之言，說是成了氣候，必出王者，於是立刻斫倒，破了王氣。定慧寺的銀杏樹聽說也是被一些流言所傷，已被斫倒，現在定慧寺款客的桂花白果，自然不是當年留心不苦的白果啦。

馬肉米粉憶桂林

在臺灣很講究吃新竹米粉，如果您吃過廣西桂林的馬肉米粉，就知道有上下床之別啦！

桂林山水甲天下，是人人皆知的，可是桂林的三寶——米粉、馬蹄、豆腐乳，知道的人就不多了。桂林米粉就形態來說，有寬、窄、圓、扁之分，從質料來論又有糊、爽、韌、糯之別。米磨出粉來不但細潤而且潔白，據磨粉師傅說：「桂林的米粉好吃，完全得力於當地的水質好，離開桂林百八十里，就是桂林請的師傅，也做不出像桂林的米粉了。」

凡是初次到桂林的人，當地親友必請吃馬肉米粉接風。到館子裡一坐定，主人一叫就是三十碗或五十碗馬肉米粉，客人一定大吃一驚，三五十碗米粉叫人怎樣吃得下？等么師把米粉端來，碗只有三寸大小，足高底淺，比臺南度小月擔仔麵的麵碗，還要來得秀巧。碰上北方壯漢，一口一碗，吃個五六十碗，還不一定能填飽肚子呢！

馬肉米粉既然是桂林的招牌小吃，所以桂林到處都有賣馬肉米粉的小吃店，其中以金桂園、美中美最負盛名。據說他們所採用的馬肉是當地的一種土馬，又有人叫它菜馬，雖然軀幹矮小，可跟四川的川馬不同。這種菜馬肉香鮮細嫩，選肉要用後腿精肉，如果煮得火候到家，切成飛薄肉片，甘鮮沉郁，入口即溶，原汁肉湯更是馨香味美。如果是一般馬肉，老饕入口便知，因為一般馬肉無論你烹調技術再高，肉總帶點酸味，而土馬湯肉均美，絕不帶酸。還有一項吃馬肉米粉的不成文規矩，無論您叫多少碗，夥計不會一次給您端上來，總是讓您少吃個幾碗吊吊您的胃口，照他們說法是讓您回味回味。其實這種吃法確實能讓顧客多銷幾碗呢！

豆腐渣列為珍饈

做豆腐剩下來的豆粕，北方叫它豆腐渣，因為每天產量不少，十之八九都作為豬的飼料了。豆腐渣本來是可以炒來吃的，可是北方人生活簡樸，環境較差的人家，每日三餐總要搭上一兩頓雜糧，不是蒸窩頭，就是貼餅子，不比南方幾省魚米之鄉頓頓有白米、白麵吃，豆腐渣雖很便宜，可是炒起來太費油，所以大家不肯隨便炒來當菜吃。

先祖慈有一貼身女傭叫辛阿姐，是蘇州人，做幾樣小菜精緻細巧，不脫蘇州風味。她常聽名醫楊浩如、張菊人說：「豆腐渣殘存的營養價值對老年人或怕胖的人，最為相宜，可惜大家都不知道利用它當菜吃。」她一直記在心裡，每年到了農曆六月，先祖慈向例吃觀音齋一整月，不動葷腥，這一個月的齋菜，就歸辛阿姐打點了。有一天，我陪她老人家進餐，辛阿姐舀了一湯匙菜給我，說是肉鬆，我吃到嘴裡酥鬆香脆，比福建肉鬆還好吃，後來才知道這是豆腐渣炒的。她說：「素炒豆腐渣最好是用花生油，先把油燒熱，隨炒隨加油，等炒透放涼，自然香脆適口，如果放點雪裡紅、筍片同炒，更是吃粥的雋品。」

舍親李榴孫是合肥李仲軒的文孫，自幼茹素，來到北平在舍間吃過這種素肉鬆，後來回到上海要廚房給他炒素肉鬆吃，可是他又不清楚是什麼東西炒的，害得他家萬管家偷偷寫信來問，才知道是炒豆腐渣。雖然豆腐渣不值錢，可是在租界裡沒有豆腐坊，要買豆腐渣，還要跑到南市或閘北跟人去勻。李府在上海是五代同堂的大家庭，一買豆腐渣就是二三十斤。豆腐坊也奇怪，李公館又不養豬，買這麼多豆腐渣做什麼？在上海人心裡絕想不到豆腐渣可以炒來吃呢！

舍下時常用火腿油蒸雞蛋羹，肥狞甘滑，自成馨逸，廚房裡拿來炒豆腐渣，再加點火腿碎屑，居然瀋色若金，味更蒙密，如不說穿，誰也想不到是豆腐渣。

北平鹽業銀行張伯駒，某次在舍下便飯，吃過一次火腿末炒豆腐渣，食而甘之，認為粗淡中有絕味。某一天他派人送了一隻大火腿來，說是要借我家廚子請行裡的岳乾齋、韓頌閣幾位高級同仁吃便飯，目的就是嘗嘗火腿油炒豆腐渣，吃完大家讚不絕口。韓頌閣說：「俗語有句吃豆腐花了肉價錢，今天我們吃豆腐渣花了火腿價錢。」闔坐相顧大笑。後來鹽業銀行請客，最後上四個粥菜，其中必定有一個或葷或素炒豆腐渣，就是從舍下學去的。

脆皮豆腐

中國人懂得拿黃豆水浸磨漿，濾去渣滓，用鹽滷點成豆腐來吃，據說是漢朝淮南王劉安發明的。豆腐的主要營養成分為蛋白質、脂肪、糖分等，跟牛奶的價值成分相差無幾，可是價錢方面，可便宜多啦。豆腐宜葷宜素，能夠做出近百樣的菜式出來。早年我在浙江嘉興煙雨樓，吃過一餐由當地水月庵靜心師太做的一桌豆腐席，實在令人嘆為觀止。

葷的做法有上海老伴齋的雞刨豆腐、老正興的火腿燒老豆腐、廣州東南園的雞蓉釀豆腐、南京夫子廟六華春的紅白豆腐羹、漢口小圃的蹄膀燉凍豆腐、北平灶溫的蝦子鍋塌豆腐，都是以豆腐入饌的傑作。臺北雖然各省的飯館子都有，以上各樣菜式，菜牌子上也都照列不誤，可是做出菜來的味道，能夠似是而非已經算不錯了，有的名存實亡，完全離譜兒，弄得人啼笑皆非。

脆皮豆腐

最近在精華小館跟幾位朋友小酌，這家菜館口味介乎廣州、客家之間。我們讓堂倌記幾個小菜，先喝酒及吃飯。其中有個菜叫脆皮豆腐，豆腐切成大骰子塊兒，炸得遍體金黃，配上其白勝雪的細綿白糖，蘸著豆腐吃，豆腐炸得不老不嫩，吃到嘴裡別有一番風味。因為豆腐菜式雖多，可是都是鹹的，在恣饗之後，能有一點甜食去油膩，已經很好，何況用豆腐做甜食比較別致，自然風味照座，廣受歡迎了。我想脆皮豆腐如果易綿白糖而為桂花滷子，夏天用來配啤酒，冬天用來配紹興酒，則色香味三者兼而有之，可能比用綿白糖蘸來吃，更受老饕們的歡迎呢！

中秋應景菜——清燉圓菜

有一年我在上海過中秋節，種德堂電台的老闆合肥李瑞九，跟我不單沾點姻親，而且彼此都是好啖之徒，他鑑於我隻身在滬，特地請我到他家過節。他住在新閘路一幢小洋房裡，二樓有一個陽臺，夫婦都畏熱，請李金髮、江小鶼兩位美術大師把它布置成小花園後，池樹竹石，一庭淨綠，在傍晚虹消雨霽之後，的確是賞月的好去處。他特地把盛宮保公館的主廚阿四找來，做兩樣應景的菜，讓我嘗嘗盛公館名庖手藝如何。主菜是清燉圓菜，我對圓菜根本沒多大興趣，尤其清燉更不願下箸。

瑞九說：「我平日也不吃這個菜，吃甲魚是有講究的，甲魚的大小以馬蹄般大小、每隻在十二兩到一斤、肉嫩骨軟才夠標準。一般人吃甲魚，以三四月間為最好時光，因為這時候牡丹盛開，所以叫牡丹甲魚。一過端午節就不能吃甲魚了，這時候水溫升高，甲魚由肥轉瘦，加上蚊蚋最喜歡叮甲魚，有時候還會中毒，這種甲魚叫蚊子甲魚，老饕們是不願下箸的。到了中秋桂花盛開，這時候甲魚又肥又嫩，叫做桂花甲魚，才是食客們吃甲魚的時光呢！」

秋令吃桂花甲魚講究清補，跟冬令進補不同。你別小看這一盅清燉甲魚，加筍衣、火腿用文火來燉，足足燉了兩整天，到了骨酥、肉嫩、湯清程度。中秋賞月喝點桂花甲魚湯，除了適口充腸，在盛杏蓀生前算是盛公館一道應景名菜呢。我當時雖然只喝了一湯碗，果然潤氣縹清，堪稱妙饌，時序新秋，舉杯對月，不知瑞九伉儷在滬尚有吃桂花甲魚雅興否？

南方的驢打滾

農曆正月十五是獻歲開春第一個月圓之夜，所以稱之為元宵節，北平土著又叫它過大年。北平人素來講究「食必以時」，從臘月二十五日起，到二月初二龍抬頭止，所有餑餑鋪、乾果子鋪、茶湯鋪都賣元宵。過了龍抬頭您想吃元宵，除非自己家裡做，否則只有明年見啦。

北方元宵只有甜的而沒有鹹的，餡子有桂花、山楂、芝麻、玫瑰、棗泥、豆沙幾種。餡子做好晒乾，切成方糖大小，蘸了水，倒進乾糯米粉裡，用大簸籮搖成的。說實在，講滋味，北方搖的元宵比起南方包的元宵，皮子的鬆潤軟糯固然不如，至於元宵餡兒的甜鹹皆備，那就更瞠乎其後了。

抗戰之前，紅豆館主溥侗，人稱侗五爺，從南京蒞滬，正趕上春節，他要吃元宵。上海名票陳道安、名醫臧伯庸都在座，一致主張去喬家柵吃湯圓。侗五說：

「在南京自然是幾位南方朋友的馬首瞻，一會兒六華春的原湯砂鍋好，一會兒奇芳閣的小籠包餃妙，嘗過之後只覺油重而膩，在北平魯孫以會吃出名，今天我們就讓他來提調吧！」

目的既然是吃元宵，恐怕沒有哪一家蓋得過喬家柵的了。於是我們一行四人直奔喬家柵。一入座，老闆因為臧伯庸治好過他家老太爺的腿疾，立刻泡了一壺好沱茶，送上一盤子擂沙圓子。侗五連吃三枚，認為這是南方細品驢打滾（**驢打滾是北平廟會賣的一種甜食**）。他起初只肯吃洗沙元宵，後來看我們薺菜肉餡元宵吃得津津有味，他舀一個來嘗，才覺出菜葅粟飯，也別具縹玉甘純。如果不是跟我們初試南饌珍味，可能畢生失之交臂。

本省同胞對於製作糯米甜食，素擅勝場，臺南市有幾家食品店做得都不錯。臺北市的九如蔡萬興，平素以湖州粽子來號召，春節前後，也包點元宵來應市，有幾位江浙朋友吃過之後，認為足可稍慰鄉思。現在雖然已過殘燈末廟，可是照北平的習俗來說，沒有二月二龍抬頭，仍舊可以買得到元宵吃。前幾天有兩位同學跟我談起擂沙圓子，因而想起紅豆館主管它叫南方驢打滾故事，回首前塵，已經是半世紀前的故事了。

吃年糕年年高

中國無論哪一省，到了過年的時候，都要買點年糕或蒸點年糕來應景。筆者初來臺灣時，友人饋我一方年糕，細而且糯，比起北方秫米麵或黃米麵蒸的年糕，要細緻好吃多啦。北平比較高級的年糕是紅白年糕，所謂白，白已近灰，所謂紅，紅已近褐，或作長方形，或作元寶形。除了天地桌上為不可缺少的供品外，就是除夕團圓飯桌上點綴品而已。

談年糕以浙江寧波的水磨年糕稱首選，因為乾燥適度，能久藏不壞，切成薄片用高湯、雪裡紅、冬筍絲煮湯年糕，比吃刀削麵還來得滑爽適口。有一年我在太原，適逢春節，趙戴文（次瀧）先生請我在他家吃寧波湯年糕。我心裡想，山西朋友做寧波年糕，恐怕未見高明，誰知端上來碧玉溶漿，柔香噀人，色香已列上選，吃到嘴裡方知是酸菠菜泥燴的，糕薄泥腴，太羹醇液，其味彌永。雖然事隔多年，現在想起來仍覺其味醰醰呢！

無錫巨紳楊讚韶家，在無錫雪浪山下有一塊水田，大概是土質關係，出產一種糯米，柔紅泛紫，他們稱之為「血糯」，用松子、核桃、桂花做出豬油年糕來，那比蘇州采芝齋紫陽觀做的粉紅年糕要高多少倍。第一不加任何顏料，柔光帶紅，呈現自然粉荔顏色；第二清雋鬆美，糯不黏牙。因為產量不多，每年春節只做一次，禋祀廟祭後分饋親友，稱之為「粉荔迎年祭」。楊府跟舍下是姻親，所以嘗鼎一臠。後來在無錫吃船菜，有一個叫青鳳的船孃擅做血糯年糕，雖然色香味可列上乘，可是跟楊府粉荔迎年的年糕相比，又有上下床之別。

年糕雖然甜鹹皆有，但我總覺得鹹可當餐下酒，當年柳詒徵、貫禾叔侄在世時，每年春禊在南京掃葉樓舉行白下詩鐘雅集，並以晒乾蕁菜、冬筍切絲加雞蛋炒寧波年糕饗客，桌上放置美國方瓶雞汁醬油精，供客自調鹹淡，入口芳鮮，為炒年糕雋品。後來在北平用韭黃代替乾蕁菜，味道就沒有蕁菜來得腴潤滑香啦。

一品富貴

中國人特別重視過年，新年前後說話隨時都要趨吉避凶，多討口彩，來年才能諸事遂心、吉祥如意。因為除夕當晚諸神下界來考察人間善惡，恐怕小孩們口沒遮攔、胡說八道，於是在屋裡貼上「童言無忌」春條，甚至於拿草紙給小孩擦擦嘴，表示小孩說話，等於放屁。

除夕吃團圓飯時候，傳說正是諸神下界最頻繁時，所以這頓飯避忌更多。早年古老人家每一個菜都要起個吉祥名堂，例如一品鍋改叫「一品富貴」，就是一個實例。過年的湯水一定是準備很充足的，一品富貴裡的湯，不是白肉湯就是雞鴨湯，其中主要的菜是「金元寶」、「銀元寶」。所謂「金元寶」是雞蛋餃，「銀元寶」是小鴿蛋，整隻蹄膀叫「一團和氣」，墨刺參跟墨魚用海帶絲綁在一起叫「烏金墨玉」，雞翅膀、鴨翅膀叫「鵬程萬里」，冬筍叫「節節高升」，粉絲叫「福壽綿長」。有些人家還特別放上風雞頭糟雞尾，叫「有始有終」。加上火腿、腳爪，自然菜味更為鮮腴，也有個名堂叫「平步青雲」。

同是一品富貴，可是裡面所放材料，豐儉粗細，南北就各有不同了。大致說來，南方的一品富貴，就比北方用料複雜而精緻多多！鍋子裡材料一多，燒銀炭的火鍋就是特號大鍋也盛不下多少東西的，大家庭多半用紫銅蘇鍋，燒酒精或炭精燒得火苗旺旺的。雞鴨魚肉在鍋裡熱氣騰騰翻滾不停，這時候隨吃隨續湯，添加煮好的各種山珍海味，這叫做越吃越有，越燒越旺。此刻的湯，太羹醇醴，拿來泡飯，珍饈肥羜，其味彌久。可是長一輩的人偏偏不准盛來泡飯，說是除夕吃湯泡飯，出遠門一定遇到大雪驟雨，所以每年除夕的一品富貴，筆者總是關照廚房盛起一大碗來，留給我第二天泡飯吃，雖然是殘羹剩炙，我吃起來推潭僕遠，味逾珍饈。

現在我在臺灣雖然每年除夕也準備一隻一品富貴，從前忝居末位，現在已升格高踞首座，雖然高高在上，可是心緒情懷都沒有當年身在下位的無憂無慮、火熾有趣了。

新年天地桌上的蜜供

從大陸流傳到臺灣的各式甜點心，真是有幸有不幸，像菊花餅、核桃酥、杏仁酥，口味式樣還都不太離譜兒。臺灣做的薩其馬有蘇式、廣式軟硬之分，其實薩其馬是滿洲點心，要軟而不溶、鬆而不膩、隱含奶香才合標準。臺灣現在茶食店所賣的薩其馬，簡直跟大陸的薩其馬是兩碼子事。至於舊時北平餑餑鋪最有名的蜜供，前幾年臺北還有一兩家茶食店試做，近一兩年，不知道是沒人注意，還是沒人欣賞，也看不見啦。

談到蜜供，雖然是一種普通甜點心，可是在平津一帶過年祭神的天地桌、灶君神龕前都少不得供上一堂蜜供。平津地區一般年俗，從除夕起到正月十八日落燈為止，要在中庭擺設一個天地桌供上「百分」，來接福迎祥，所謂百分乃「諸天神聖全圖」也，這種百分要到香蠟鋪去請（**其實是買，名之曰請**）。百分之前要陳列一堂蜜供，天地桌的蜜供是五座為一堂，灶王神龕前蜜供是三座為一堂，蜜供有規律的疊起來。形式有圓有方，最高的尺碼是四尺二寸，最小的尺碼是七寸。最特殊的是東嶽廟東嶽大帝神座的蜜供，這堂蜜供多少年來都是撣塵會全體善信敬獻的，足有六尺出頭，是蘭英齋一位師傅特技疊成的。據說一般方形蜜供，最高只能疊到五尺，這種六尺以上高度的蜜供是很少見的。

北平大家小戶過年非常重視自己在院裡設的天地桌，如果誰家今年沒設天地桌，就表示家境太差，這個年簡直過不去啦！所以無論窮家富戶都盡可能都要設個天地桌，鋪張從儉，那就看個人的財力啦！什麼乾鮮果品、饅頭、素菜、年糕、聚寶盆、通草八仙、石榴元寶、紅絨供花，都可以奢儉隨心。唯獨這堂蜜供，儘管小大由之，可是絕對不能省的，沒有這堂蜜供，就不成其為天地桌兒了。有些餑餑鋪會做買賣，家庭主婦會打算盤，一次拿大把錢請蜜供，有時錢不湊手，於是有個上蜜供會的組織。

蜜供會有從二月起十一月止十個月的會，也有從六月到十一月半完結的會，當然每月上會錢多的則蜜供尺碼大，反之則尺碼小。等會錢上足，一過臘月二十三祭完灶，餑餑鋪就派人跟您聯絡啦，定規好了，哪一天送蜜供，他們準時用藤筐，四周錦簾子圍得嚴嚴的送到府上來，絕不誤事。這種按月上會輕而易舉，要是冬殘歲暮，拿筆整錢來買一堂高大的蜜供，有錢的人家不談，一般人家確實是一項不太輕的負擔呢！有上蜜供會的辦法，就等於現在的分期付款，蜜供的問題就解決了。天地桌上的蜜供，天天煙熏香燎，再加上西北風吹來的沙土，半個多月之後，等到撤供時，蜜供上沾滿了香灰塵土，已經沒法下嚥。後來有人研究用薄紙糊成套，把蜜供套起來，到了撤供時候，不但孩子們可以大快朵頤，甚至於還可以把供尖分饋親友。人們固然蒙受實惠，可是有人說笑話，不知道罩上紙套，上天諸位神佛還能鼎嘗一臠否？

蜜供做法雖然不難，可是疊成方形圖，疊上六尺高，那就非有一種特殊手藝不可了，所以臺灣用整座蜜供來祭神，現在還辦不到，大概是沒有這項手藝人吧。

唐魯孫先生作品介紹

(1)老古董

本書專講掌故逸聞，作者對滿族清宮大內的事物如數家珍，而大半是親身經歷，所以把來龍去脈說得詳詳細細。本書有歷史、古物、民俗、掌故、趣味等多方面的價值，更引起中老年人的無窮回憶，增進青年人的知識。

(2)酸甜苦辣鹹

民以食為天，吃是文化、是學問也是藝術，本書作者是滿洲世家，精於飲饌，自號饞人，是有名的美食家。又作者足跡遊遍大江南北，對南北口味烹調，有極細緻的描寫、有極在行的評議。本書看得你流口水，愈看愈想看，是美食家、烹飪家、主婦、專家、學生及大眾最好的讀物。

(3)大雜燴

作者出身清皇族，是珍妃的姪孫，是旗人中的奇人，自小遊遍天下，看得多吃得多，所寫有關掌故、飲饌都是親身經歷，「景」「味」逼真，《大雜燴》集掌故、飲饌於一書。

(4)南北看

作者出身名門，平生閱歷之豐、見聞之廣，海內少有。本書自劊子手看到小鳳仙，自衙門裡的老夫子看到盧燕，大江南北，古今文物，多少好男兒、奇女子，異人異事……一一呈現眼前，是一部中國近代史的通俗演義。

(5)中國吃

本書寫的是中國人的吃，以及吃的深厚文化，書中除了談吃以外並談酒與酒文化、談喝茶、談香煙與抽煙，文中一段與幽默大師林語堂先生一夕談煙，精彩絕倫不容錯過。

(6)什錦拼盤

本書內容包羅萬象，除談吃以外從尚方寶劍談到王命旗牌，談名片、談風箏、談黃曆、談人蔘、談滿漢全席……文中作者並對數度造訪的泰京「曼谷」不管是食、衣、住、行各方面均有詳細的描述。

(7)說東道西

《說東道西》是唐魯孫先生繼《老古董》、《酸甜苦辣鹹》、《大雜燴》、

《南北看》、《中國吃》、《什錦拼盤》之後又一巨獻。

他出身清皇族，交遊廣，閱歷豐。本書從磕頭請安的禮儀談到北平的勤行，由蜀山奇書到影壇彗星阮玲玉的一生，自山西麵食到察哈爾的三宗寶……所論詳盡廣泛，文字雋永風趣，是一部中國近代史的通俗演義。

(8)天下味

本書蒐羅了作者對故都北平的懷念之作，除了清宮建築、宮廷生活、宮廷飲食介紹外，對平民生活的詳盡描述，也引人入勝。收錄了作者對蛇、火腿、肴肉等山珍，以及蟹類、臺灣海鮮等海味的介紹，除了令人垂涎的美味，還有豐富的常識與掌故。更暢談煙酒的歷史與品味方法，充分展現其博學多聞的風範。此外另收〈香水瑣聞〉與〈印泥〉兩文，也是增廣見聞的好文章。

(9)老鄉親

唐魯孫先生的幽默，常在文中表露無遺，本書中也隱約可見其對一朝代沒落所發抒舊情舊景的感懷，無論是談吃、談古、談閒情皆如此，但其憂心固有文化的消失殆盡，在在流露出中國文人的胸襟氣度。

(10)故園情（上）

凡喜念舊者都是生活細膩的觀察者，才能對往事如數家珍。故園情上冊有唐魯孫先生的記趣與評論，舉凡社會的怪現象、名人軼事、對藝術的關懷，或是說一段觀氣見鬼的驚奇，皆能鞭辟入裡栩栩如生。

(11)故園情（下）

喜歡吃的人很多，但能寫得有色有香有味的實在不多，尤其還能寫出典故來，更是難能可貴。唐魯孫先生寫的吃食卻能夠獨出一格，不僅鮮活了饕餮模樣，更把師傅秘而不傳的手藝公諸同好與大家分享。

(12) 唐魯孫談吃

美食專家唐魯孫先生，不但嗜吃會吃也能吃，無論是大餐廳的華筵饌餘，或是夜市路邊攤的小吃，他都能品其精華食其精髓。本書所撰除了大陸各省佳肴，更有臺灣本土的美味，讓人看了垂涎欲滴。

大地叢書介紹

作者：劉　嘯

定價：300 元

北京是一座有著三千多年建城史和八百多年建都史的歷史文化名城，它與西安、洛陽、南京並稱為「中國四大古都」，它擁有七項世界級遺產，是世界上擁有文化遺產最多的城市，因此北京是您選擇文化旅遊最合適不過的城市了。

- 北京在歷史上到底有多少個稱謂？
- 前門樓真的有九丈九高嗎？
- 故宮、天安門的設計又是出自何人之手？
- 老北京四合院為何沒有東南角？
- 老北京人是如何過春節的？

藉著本書您可以更加深入地瞭解北京的歷史文化，體會最具特色的老北京韻味。

大地叢書介紹

作者：慕小剛

定價：300 元

上海的歷史雖然不及北京、南京、西安等城市那麼悠久，但是關於上海的歷史文化一點都不比其他城市少。

- 老上海人所說的「七寶」指的是哪「七寶」？
- 宋氏三姐妹曾上同一所學院嗎？
- 徐志摩與陸小曼的愛巢在老上海的哪個地方？
- 作家張愛玲又是住在老上海的哪個公寓裡呢？

本書透過一個個有趣的問題，向讀者介紹不一樣的上海歷史與曾經的輝煌。上海既有江南傳統的古典與雅致，又有國際都會的現代與時尚。它就是中國最獨特的城市——上海。

大地叢書介紹

作者：苗學玲
定價：300 元

廣州是一座歷史悠久的文化名城，在五千年至六千年前，就有先古越民在此繁衍生息了。千百年來，奔騰不息的珠江催生出廣州這座嶺南都市。它襟江帶河，依山傍海，古跡眾多。

- 廣州為何被稱為「妖都」？
- 嫁女餅與劉備娶妻有什麼聯繫？
- 龍頭山與張果老有什麼關係？
- 洪聖大王與良馬菩薩曾經為廟宇選址起過爭執嗎？
- 為什麼說白雲樓是魯迅與許廣平的愛情驛站？

各種有趣的典故、傳說在作者筆下娓娓道來，讓您充分瞭解這座魅力的城市——廣州。

唐魯孫談吃 / 唐魯孫著. -- 五版.-- 臺北市：大地,
2020.04
面： 公分. --（唐魯孫先生作品集；12）
ISBN 978-986-402-337-0（平裝）
1. 飲食風俗 2. 中國
538.782 109002432

唐魯孫談吃

唐魯孫先生作品集 12

作　　者	唐魯孫
發 行 人	吳錫清
主　　編	陳玟玟
出 版 者	大地出版社
社　　址	114台北市內湖區瑞光路358巷38弄36號4樓之2
劃撥帳號	50031946（戶名：大地出版社有限公司）
電　　話	02-26277749
傳　　眞	02-26270895
E - mail	support@vastplain.com.tw
網　　址	www.vastplain.com.tw
美術設計	博客斯彩藝有限公司
印 刷 者	博客斯彩藝有限公司
五版一刷	2020年4月

大地

定　　價：250元